슬픔에 잠긴 약자를 위한 노트

자유정신사

감성과 그 삶의 해석

도서출판 자유정신사는 인문 철학 전문 출판사 입니다.
이 책의 모든 저작권은 도서출판 자유정신사가 가지고 있습니다.
이 책에서 사용된 문양은 한국문화정보센터가 창작한 저작들을 공공누리 제 1유형에 따라 이용합니다.

슬픔에 잠긴 약자를 위한 노트

김 유 정 지음

도서출판 자유정신사

감성과 그 삶의 해석

산이 높고 험하지 않으면 물이 많이 모이지 않는다.
하지만 물을 위해서라면 산에 오르지 않는 것이 좋다.

서언(緒言)

우리 삶은 이성이 아닌 감성에 의해 지배된다. 이성은 감성을 위해 존재할 뿐이다. 어느 오후 따뜻한 햇빛 아래서 생각한다. 누구에게나 평등한 감성의 삶 속에서 조금은 자유롭고 평온할 수 있기를.

슬픔에 잠긴 우리 모든 약자에게

I 장. 삶의 감성적 분석

II장. 여름에서 가을까지

태양이 비추고 있는 늦가을의 따스한 햇볕 아래
오후 시간의 한가로움은 모든 것을 회복시킨다.

1 장. 삶의 감성적 분석

우리가 진정으로 즐거운 것은
소리 내어 웃을 때보다
소리 없이 미소 지을 때이다.

어느 한가로운 오후의 사유

우리가 알아야 할 것은 사람들보다 뛰어나게 되는 법이 아니라
사람들과 함께 즐거워하는 법이다.

1. 초라함

초라함으로부터 벗어나기 위해서는 누군가로부터 간파 당하지 않아야 한다. 간파 당하지 않으려면 자신을 끊임 없이 변화시키지 않으면 안 된다. 따분한 책에서 가르치는 변화하지 않는 그리고 무거운 일관성의 미덕은 빨리 잊어 버리는 것이 좋다. 우리들이 가지는 온화함, 부드러움, 우울함, 무심함, 당혹감, 반가움, 안락함. 감정의 변화와 무질서는 모든 인간에게 주어진 최대의 특권이다. 이 변화와 무질서 속에서 인간은 드디어 변화하지 않는 자신만의 공간 존재 을 구성한다. 그러나 어느 순간 자신의 무질서가 깨지면 사람들은 즉시 움직이기 시작한다. [타인의 감성 공간으로 들어가기 위해서는 무질서 속의 규칙성을 찾아야 하는데, 이는 불가능하게 보이지만 어떤 경우에 있어서는 물론 지속적이지는 않지만 의외로 쉽게 발견되기도 한다.] 보통, 이 때 사람들은 그를 유한적 작은 존재로 단정해 버린다.

어느 한가로운 오후의 사유

삶의 품격은 감성적 문화

인간이 초라해지는 근원은 항상 자신의 존재 주변을 벗어나지 않는다. 우리의 존재 주변을 조금만 정리하고 청결히 하면 바로 어느 정도 회복된다. 작은 들꽃도 초라하지 않은데 우리가 초라할 이유가 없다.

2. 아름다움

[아름답기 위한 방법]. 인간 일반은 자신을 초월하는 것으로부터 아름다움을 느낀다. 특히 그것이 친근하게 다가설 때. 이를 잊지만 않는다면 죽음의 순간까지 아름다움을 잃지 않을 수 있다. 아름다움의 종류는 무한적이라서 자신의 한계를 느낄 필요는 없다. 인간의 가치는 [그가 가지고 있는 것]이 아니라 [그가 행동하는 것]으로 결정된다. 자신이 가지지 못했음을 탓하는 것은 어리석은 변명일 뿐이다. [아름다움을 느끼기 위한 방법]. 아름다움을 느끼기 위해서는 아름다움의 대상뿐 아니라 주변 많은 것이 충족되지 않으면 안 된다. 그러나 이와 같은 아름다움의 주변 요소는 아름다움의 대상과 달리, 우리 인간에 의하여 창조 가능하다. 그러므로 아름다움을 느끼는 데는 아름다움을 느낄 수 있는 준비 기간이 반드시 필요하다. 아름답게 되는 것보다 우리를 둘러싸고 있는 아름다움을 느끼는 것이 훨씬 어렵다. 아름다움을 모든 인간이 느낄 수 있는 것은 아니다. 둘 중 하나를 선택하라면 나는 후자를 선택하겠다. 그것이 우리를 훨씬 행복하게 한다.

삶과 감성의 노트

↶ 아름다움을 꼭 가질 필요는 없다. 잘못하면 이용당한다. 아름다움
을 가지지 못해 슬퍼할 필요는 없다. 몇 년 후에는 완전히 다른 관점
에서 아름다움을 볼 것이다. 그것을 준비하면 된다.

어느 한가로운 오후의 사유

3. 설렘

설렘은 의지이다. 무엇인가 의지하는 것을 잃지 않는 한, 그의 소
맷자락은 즐거운 바람을 _{조동진, 내가 좋아하는 너는 언제나} 몰고 다닐 것이다.
설렘을 가진 자와 함께하는 것만으로도 삶은 즐거울 수 있다. 그런데 가
장 큰 오해 중 하나는 나이가 어린 자들이 더 많이 의지할 수 있다고 생
각한다는 것이다. 숨 쉴 수만 있다면 의지는 시간과 무관하다. 인간 일반
의지의 세계가 그 모습을 드러내면 삶은 갑자기 변화하기 시작한다. 모
든 사물에 생명력이 사유 되고 이로써 결실의 세계가 다가온다. 우리 가
슴 뜀의 기원은 이로써 결정된다. 그러므로 같을 것으로 생각되는 우리
의 세계는 모든 인간 일반에게 그 모습을 달리한다. 그런데 의지적 삶의
세계가 우리의 사유 속에 존재하고 이것이 삶을 변화시킨다는 것을 아는
데에만 젊은 시절 대부분이 필요한 경우가 많다. 자신의 설렘 근원을 찾
아 그것을 잃지 않으려는 노력이 우리를 삶의 미로로부터 자유롭게 해
줄 것이다.

↷ 설렘을 놓치지 않도록 해야 한다. 삶과 젊음을 함께 놓친다. 특히 약자들이 유념할 일이다. 비교적 오랜 기간 애써야 하기 때문이다. 조금씩이라도 설레는 그 무엇을 이루어 나가기 위한 일을 하고 있다면 그는 약자가 아니다.

어느 한가로운 오후의 사유

4. 욕망

즐거움은 중독성을 가진다. 그것으로부터 벗어날 수 있는 자는 그렇게 많지 않다. 우리에게 남은 것은 그것을 어떻게 최소화 할 수 있는가의 문제이다. 그것으로 충분하다. 그런데 그것을 최대화 하려는 시도로 세상은 혼란스럽다. 자신의 삶으로부터 즐거움을 느끼지 못하고 불평하는 자들의 공통점은 그들이 원하는 것은 [즐거움]이 아니라 [더 큰 즐거움]이라는 것이다. 이들은 오래지 않아 불행해지지 않을 수 없다. 그러므로 우리 인간은 [더 큰 즐거움]에 중독되지 않도록 매일 태양의 떠오름과 함께 항상 자신의 삶을 새롭게 시작하는 연습이 필요하다. [작은 즐거움]에 만족하면 세상은 즐거움으로 넘쳐나 어디에나 가득하다. 부자들이 즐거움에 싸여 있을 것이라고 생각하는 사람은 별로 없다. 그런데 우리들은 이상할 정도로 자꾸 그것을 잊어 버린다.

삶의 감성적 분석

ル 우리가 약자로 생각되는 것은 타자(他者)에 의해서가 아니라, 우리
  자신에 의해서이다. 보통 우리들은 타자(他者)를 강자라고 생각한
  다. 그러므로 두려워하지만 않는다면 강자의 조건을 이미 가진 셈이
  다.

5. 혼돈

사유의 혼돈은 인간의 감성에 기인하는 경우가 대부분이다. 이는 우리의 이성과 판단을 흐린다. 칸트의 생각도 크게 다르지 않을 것 같다. 그러므로 사유를 시작하기 전에는 자신의 감성적 자극 요소를 먼저 제거하는 것이 좋다. 이로써 겨우 사물의 실체 _{대상, 對象} 가 그 모습을 드러내기 위한 무대가 준비된 셈이다. 가끔은 감성을 끊는 연습이 필요하다. 분노를 끊는 연습, 이기심을 끊는 연습, 사랑을 끊는 연습마저. 감성은 그 단절을 통하여 정제된다. 감성이 지나치고 자신 속에서 제어되지 않는 한, 큰 상처를 주는 추락은 피할 수 없다. 시간이 걸리더라도 조금씩 준비해야 한다.

어느 한가로운 오후의 사유

우리는 한 순간 약자로 전락될 수 있다. 그것은 대부분 자신의 이성적 능력의 부재 때문이 아닌, 제어되지 않는 감정 때문이다. 그러나 크게 상처 받아 깊이 인식되기 전에는 보통 그것을 자신의 강점이라고 생각하는 경우가 적지 않다.

어느 한가로운 오후의 사유

6. 불안

즐거움은 완전할 수 없다. 우리는 완전함을 목표로 한다. 우리가 항상 불안한 이유이다. 만일, 즐거움에 완전성의 관념이 부여되면 불안감이 즐거움을 압도한다. 모든 것을 성취함으로 얻은 자신의 심리 상태는 즐거움보다는 즉시 자신의 성취된 일부를 파괴시키는 데 더 열중하게 된다. 예술가가 자신의 불완전한 작품을 파괴하듯이. 즐거움은 성취에 있는 것이 아니라, 성취의 과정 중에 존재한다. 수많은 위대한 철학자들이 이야기 한, 누구에게나 자신 있게 이야기할 수 있는 천 년의 진리이다. 그러므로 즐거움을 오랫동안 지속시키려면, 물론 과도하지 않아야겠지만 성취에의 목표를 조금 크게 할 필요는 있다. 불안함은 목표에 가까울수록 증대된다. 태양에 가까울수록 뜨거움을 느끼듯이. 그러므로 불안을 느끼면 목표를 조금 수정하는 것이 유익하다.

ɲ 약자의 특징은 불안하다는 것이다. 그 불안이 그를 더욱 약하게 만
든다. 그러나 천천히 한 걸음씩 그 불안을 벗어나기 위한 준비를 시
작하는 순간, 불안은 목표 속으로 자취를 감춘다. 이미 약자의 감옥
으로부터 벗어난 것이다. 문제는 그 첫 걸음이 어렵다는 것이다.

7. 흔들림

자신에게 작용하는 외부작용에 대하여 인간 일반은 세 가지로 반응한다. 처음 [배척 단계]를 지나면, 다음은 그 외부 작용을 그대로 받아들이고 [수용 단계], 마지막은 외부 작용을 자신의 힘으로 변형시켜 자기화한다. [통합 단계] 그러나, 투명한 흔들림 없는 자신을 유지하기 위해서는 [통합]을 초월하는 것도 필요하다. 이때, 유익한 방법은 그 외부 작용이 자신에게 작용하지 않도록 그 작용의 자기화로부터도 이탈하는 것이다. 이를 위하여 우리는 외부 작용을 투과시킬 수 있는 감성적 [투명함] [투명함]은 유리와 같이 투명하여 어떠한 색이나 모습도 자신의 본성에 영향을 주지 않게 함을 뜻한다. 을 필요로 한다. 이를 위해서 무엇이 필요한지는 우리는 본능적으로 모두 알고 있다. 하나 모르는 것이 있다면 그것이 교육과 연습이 필요하다는 것이다. 피아노 선율이 아름다워지려면 그러한 것과 같이.

어느 한가로운 오후의 사유

〰 보통 강자들은 자신들이 약자에게 영향을 미치고 있다고 생각한다. 그러나 누구도 그의 영향을 받는 사람은 없다. 그의 권력과 금력(金力)에 영향을 받을 뿐. 진정한 강자는 우리를 감동하게 하는 자(者)이다. 그만이 우리를 진정으로 변화시킨다. 그는 일반적 관점에서 보면 약자인 경우가 많다.

어느 한가로운 오후의 사유

8. 중압

우리들의 삶은 존재의 실체성에 의하여 압도당하는 듯하지만 오히려 우리의 삶을 압도하는 것은 존재의 비실체성이다. 비실체성은 그 실체성을 항상 압도한다. 예를 들면 감성이 이성을 압도하는 경우이다. 태양의 황금 비를 담는 것은 모두, 자신의 감성 그릇 크기에 의존한다. 삶의 무게를 벗어나려면 감성 그릇을 키우는 수밖에 없다. 감성은 모든 것을 가볍게 한다. 우리의 행동을 결정하는 것은 이성의 그릇이 아니라 감성의 그릇이다. 이성으로 자신을 너무 무겁게 하지 않는 것이 좋다.

어느 한가로운 오후의 사유

우리는 어떤 슬픔에도 무너져 내리지 않는 무엇이 있어야 한다. 견실한 기둥. 그것이 감성이다. 감성은 어떤 중압도 가볍게 다룬다. 무게를 느끼기 시작하면 삶은 힘들어진다. 밝은 감성을 가지려는 연습. 이것이 우리의 생을 실제로 밝게 만든다.

어느 한가로운 오후의 사유

9. 자기 모순

간파당하지 않기 위한 노력은 타자(他者)를 혼란스럽게 하는 것이 목적이지만 자신도 함께 혼란스러워지기 쉽다. 이 혼란을 극복하고 자신의 감성을 정복하기 위해서는 [변하지 않는] [변하지 않는]의 해석은 제한적이어야 한다. 자신의 사유는 항시 변화해야 한다. 그리고 변함 속에 무변화를 발견해야 한다. 자신만의 삶의 기준을 필요로 한다. 이는 감성의 통일성을 부여하며, 이로써 자신의 방향으로부터 벗어나는 것을 막아준다. 인간의 본성은 시간에 따라 끊임없이 변화한다. [인간의 본성은 개체의 존재, 의지, 인식이 만들어내는 사유 특성으로 정의한다.] 그러나, 삶의 기준은 시간에 독립적이어야 하며 이로써 일생을 통해 그에게 통일성을 제공한다. 자신 삶의 기준을 만드는 것도 중요하지만, 그것을 유지하기 위한 노력 또한 중요하다.

어느 한가로운 오후의 사유

약자의 특징은 자기모순이 많다는 것이다. 이것은 강자와 대할 때 변화하는 자신의 모습 때문이다. 아무리 강자처럼 보이더라도 이런 모습을 보이면 그는 이미 강자가 아니다. 아무리 약자처럼 보이더라도 자기모순에 빠지지 않으면 그는 최고의 강자이다. 권력자, 아니 신(神)을 대할 때나 지나가는 힘 없는 걸인(乞人)을 대할 때나 조금도 변함없어야 한다.

어느 한가로운 오후의 사유

10. 슬픔

슬픔은 자신의 의지로부터 삶이 멀어질 때 그 모습을 드러낸다.

그러므로 슬픔을 극복하기 위해서는 자신의 의지를 변화시키거나 삶을

변화시켜야 한다. 어떤 방식을 선택할 것인지는 스스로 결정해야 한다.

이는 한 인간을 특징 지운다.

삶의 감성적 분석

보통 약자는 어려움에 부딪혔을 때 자신의 의지를 변화시킨다. 그편이 쉽고 마음 편하기 때문이다. 그런데 이것도 습관이어서 모든 일에 그렇게 대응한다. 그러나 마음 편한 시기가 지나면 삶을 변화시키려 한 자(者)의 삶을 부러워할 것이다.

어느 한가로운 오후의 사유

11. 격정

모든 인간 일반의 감성 상태는 플라톤의 말대로 모든 사람에게 관념적(觀念的)으로는 동일하다. 예를 들면 사랑, 미움, 욕망과 같이. 그러나 표출되는 반응의 차이가 있는 것은 삶이 감성만으로 구성되지는 않는다는 것을 보여준다. 그러므로 감성이 자신을 압도할 때, 바로 그 감성에 대하여 사유함으로써 그것을 벗어날 수 있는 방법에 대한 많은 것을 얻을 수 있다. [분노를 제어하지 못하는 시대]에 잊지 말 일이다. 하지만 아쉽게도 우리의 삶 중 감성이 진정으로 우리를 압도할 때는 그렇게 많지 않다. 이 감성의 시기를 소중히 생각해야 하는 이유이다.

삶의 감성적 표본

ᴨ 분노와 격정을 표출하는 두 가지 방식은 분노를 일으킨 [대상에게 표출하는 방식]과 분노를 일으킨 대상을 움직이고 말하게 한 [원인에게 표출하는 방식]이다. 그 원인은 자신이 될 수도 있고 대상의 비정상적 환경이 될 수도 있다. 전자(前者)는 약자의 방식이고 후자(後者)는 진정한 강자의 방식이다. 전자(前者)는 분노의 해소가 순간적이고 후자(後者)는 보통 지속적이다.

어느 한가로운 오후의 사유

12. 순수

어린아이의 특징은 자신의 의지 대부분이 쉽게 성취될 수 있는 것에 집중된다는 것이다. 이것이 나이가 듦에 따라 우리가 잃는 순수함이다. 그러므로 휴식할 때, 이들 어린아이처럼 우리의 의지를 쉽게 성취할 수 있는 것으로 변화시키면 삶은 순수해진다. 항상은 아니지만 휴식할 때 가끔 어린아이와 어울리는 것은 건강에 좋다.

039

어느 한가로운 오후의 사유

삶의 감성적 분석

휴식할 때 큰 목표를 갖는 것은 좋지 않다. 휴식은 말 그대로 쉬어
야 한다. 목표도 필요 없다. 작은 일에 관대한 것은 강한 자의 특징
이다. 자신이 그렇지 못하다면 자신이 아직 강자가 아닌 증거이다.
그런데 의도하지는 않았어도, 작은 일에 관대하다 보면 자연스럽게
강자가 되어 있는 자신을 발견하기도 한다.

어느 한가로운 오후의 사유

13. 허무

[그것]이 나와 무슨 상관이 있고 나에게 무슨 도움이 되겠는지 생각이 들어, [그것]의 가치가 사라지기 시작할 때 생각해야 하는 것이 있다. 그것은 [그것]이 아니었더라면 나는 어디로 가야 할지 몰랐을 것이라는 사실이다. [그것]은 나의 길을 안내해 왔고 안내할 것이다. [그것]이 무엇인지는 각자 다르다.

어느 한가로운 오후의 사유

042

∿ 자신 삶의 일부를 쓸모 없이 만드는 듯한 허무가 가끔은 슬프게 한다. 그러나 나와 상관이 없고 나에게 도움이 되지 않을 것 같은 그 허무의 대상이 나를 강하게 한 것이다. 허무한 것을 느낀다는 것은 나에게 쓸모 없는 것들이 생성되었다는 것이다. 나를 사랑했고 내가 사랑한 자가 더 이상 그 감정을 가지지 않는 것은 내가 쓸모 없는 [거짓 강자]가 되어 그를 쓸모 없는 [거짓 약자]로 만들었기 때문이다. 보통 허무는 자신의 형편 없는 [거짓 강함]에 기인하는 경우가 더 많다.

14. 상심

우리는 자신이 가지고 있지 않은 아름다움을 소유하기 위해 너무 많은 힘을 소비한다. 하지만 우리에게 필요한 것은 자신이 가진 아름다움을 지키는 것이다. 왜냐하면, 아름다움은 항상 청결하게 유지되지 않으면 곧 깊이 감춰지기 _{더러워지기} 때문이다. 우리는 하나의 아름다움을 더 소유하기 위해 열 가지 아름다움을 잃는 경우가 많다.

어느 한가로운 오후의 사유

약자는 보통 유혹에 약한 자이다. 그만큼 사람들을 믿고 그들을 좋아하기 때문이다. 상심이 반복되다 보면 [삶의 지식]이라는 것이 보이기 시작하는데 이것이 그를 강하게 해 줄 것처럼 생각한다. 그런데 [삶의 지식]은 말 그대로 [삶을 위한 지식]이라서 자신 존재 대부분의 아름다움에는 별로 관심이 없다. 삶의 지식으로 가득한 자(者)가 보통 아름답지 않은 이유이다.

어느 한가로운 오후의 사유

15. 만족

기쁨은 인간 일반에게 많은 것을 얻게 하지만, 주의하지 않으면 잃는 것이 많아진다. 대개 우리 인간은 기쁨을 자신으로부터 얻는 경우는 거의 없다. 이로써 기쁨은 오래지 않아 자신에게 커다란 짐으로 작용하며, 자신을 서서히 파괴시킨다. 자신의 목표를 성취함으로써 커다란 만족을 얻게 되면, 그 성취에의 기쁨은 자신의 성취를 유지할 수 있는 힘을 빼앗는 경우가 많다. 더욱 안타깝게도, 우리는 자신들이 무엇을 진정으로 기뻐해야 하는지 모르고 자신에게 다가오는 모든 감각적 만족감을 기쁨으로 인식한다. 이는 슬픔 또한 유사하다. 우리는 즐거움과는 달리 진정으로 기뻐해야 할 때만 만족을 느끼는 것이 좋다.

어느 한가로운 오후의 사유

앙상을 위한 노트 1

만족의 시간이 매우 짧다는 것은 약자가 특히 잊지 말아야 할 사실이다. 약자들은 보통 운 좋게도 만족의 기회가 적기 때문이다. 만족의 즐거움은 중독성이 강해 빠져 나오기 쉽지 않다. 그러므로 만족은 중독되지 않을 정도로 드물게만 가져야 한다. 만족에 중독되면 만족은 즐거운 휴식이 아니라 고된 사역(使役)이 된다.

어느 한가로운 오후의 사유

16. 불일치

자신의 감성을 드러낼 때 인간은 자신의 무력함을 느낄 때가 많다. 언어의 부적절성과 정확한 자신의 태도에 대한 불확실성 등으로 자신의 의도와는 다르게 자신의 감성이 표현되기 때문이다. 그런데 우스운 것은 자신의 언어와 행동으로 부적절하게 표현된 감성 상태를 자신 원래의 감성 상태로 그대로 잘못 인식해 버린다는 것이다. 그러므로 자신의 감성 유지에 대한 확신이 없으면 표현을 포기하든지 적절한 표현 방법이 떠오를 때까지 기다리는 것이 좋다. 아마 그렇다면 말을 하거나 표현할 수 있는 경우가 많이 줄어들 것이다. 하지만 이와 같은 지루하고 터무니없는 듯한 방식으로의 절제된 표현 연습은 자신의 가치를 창조하고 보존하고자 하는 자에게는 반드시 필요한 과정이다. 지루하고 지나친 절제라 하더라도 걱정 없다. 시간은 비밀 없이 모든 것을 말해 줄 것이기 때문이다.

어느 한가로운 오후의 사유

〰 자신을 있는 그대로 표현하는 것은 매우 어려운 일이다. 상대에게 자신의 모습을 있는 그대로 보이는 기술. [표정, 몸짓, 말투, 목소리] 이것은 오랜 연습이 필요하다. 그런데 연습에 앞서 더욱 필요한 것은 상대를 존중하려는 자신의 마음이다. 표현은 그 다음 문제이다. 보통 [거짓 강재]들은 그 마음을 갖지 못한다.

어느 한가로운 오후의 사유

17. 외로움

인간이 외로움을 느낄 때는 혼자 있을 때보다는 사람들과 함께 있을 때가 더 많다. 외로움만큼 상대적인 특성을 가진 것도 없다. 혼자 있을 때 느끼는 것으로 생각되는 외로움은 사실은 이미 외로움이 아니다. 혼자라는 것을 느끼는 내가 있기 때문이다. 사람들과 함께 있을 때는 사람들과의 괴리감은 물론이고 자신을 느끼는 나와도 단절되는 경우가 많다. 외롭다고 느끼면 즉시 [나]를 불러오면 된다. 마법의 램프 속의 거인처럼 [그]는 나를 위해 모든 것을 해 줄 것이다. 그리고 마법의 램프는 이미 우리들의 주머니 속에 감추어져 있다.

〰 일반적으로 강자들은 외롭다고 알려져 있다. 자신들을 이해하는 사람이 적기 때문이라고. 커다란 오해이다. 자신을 이해하는 사람이 적다면 [거짓 강자]이다. 이는 타자(他者)를 이해시킬 힘이 없음에 대한 반증(反證)이기 때문이다. 그러므로 이는 자신을 약한 자로 오인(誤認)하고 있는 약자들도 잊지 말아야 할 중요한 사실이다.

어느 한가로운 오후의 사유

18. 느낌

자신이 원하는 대로 _{의도적으로} 표상화(表象化) 되지 않는 인간 감성이 있는데, 그것은 한 인간으로서 느끼는 그 사람의 본질에 대한 느낌이다. 이 느낌은 잘 표상화되지 않음에도 불구하고 그 사람의 중요한 특질로서 우리의 사유 속에 형성된다. 이 느낌은 한 사람(存在)의 인식(認識)과 의지(意志)의 정도에 의해 결정되는 것으로, 사유가 결정하는 흥미로운 양태(樣態)이다. 그러므로 우리는 자신의 사유 상태를 아무리 위장하려 해도 그 위장에 성공하기 어렵다. 우리는 단지 세 마디 말에 의해서도 대부분 자신을 노출하지 않을 수 없다. 감추려고 노력해도 소용없다. 있는 그대로 보여 주는 방법밖에는 없다.

어느 한가로운 오후의 사유

자신을 위장하는 위장술이 뛰어날수록 보통, 사람들이 이야기하는 강자가 되기 쉽다. 타자를 속여 자신의 이익을 얻을 수 있기 때문이다. 강자는 결국 사기꾼들이다. 반대로 약자는 솔직하고 겸손하고 타자(他者)를 배려한다. 절대로 자신의 투자 이상의 이익을 남기지 못한다. 태생적으로 약자일 수밖에 없다. 그러나 다행히도 이런 [거짓 강자]와 [거짓 약자]를 우리는 조금만 생각해 보면 어렵지 않게 구분해 낼 수 있다.

19. 고갈

　　자신을 드러내기 위한 우리들의 노력은 삶을 혼란스럽게 하는 경우가 많다. 이 혼란스러움과 어지러움은 보통, 사람을 시끄럽게 만든다. 자신이 말이 많다고 생각되거나 시끄럽다고 생각되면, 더 이상 드러낼 것이 없는 자신에 실망하지 않기 위해 이제 무엇인가 자신을 위하여 시작해야 할 때임을 자각해야 한다. 우선 자신 속에 침잠(沈潛)하여 끊임없이 자신을 향상시키고, 자신으로부터 새로운 것을 발견하려는 노력을 계속 할 것. 그렇게 할 수 없다면 침묵해야 할 것이다. 여성이 남성보다 시끄럽다고 생각하는 것은 오래된 오해이다. 남자들이 훨씬 더 시끄럽다.

어느 한가로운 오후의 사유

19. 고갈

↷ 자신이 고갈된 듯하면 당연히 충전이 필요하다. 문제는 자신이 고갈되어 간다는 것을 잘 알지 못한다는 것이다. 동양 고전대로 이때 보통 시끄러워진다. 그리고 이 시끄러움을 자신의 용기와 리더십으로 오인하기 쉽다. [거짓 강재]들은 말이 많고 시끄럽다. 학생들의 학기 제도와 같이 휴식 기간을 우리 삶에도 적용할 필요가 있다. 물론 어리석은 자본주의자들은 이런저런 이유로 반대할 것이지만.

20. 변심

사람들이 동일 대상에 대하여, 시간에 따라 그 감성적 변화가 나타나는 것은 그 대상의 변화도 나의 변화도 아닌, 제3의 원인인 경우가 대부분이다. 그러므로 동일 대상으로부터 동일(유사)한 감성적 느낌을 받기 위해서는 주변의 상황을 동일(유사)하게 함으로써 성취 가능하다. 그런데 대부분 사람은 반쯤의 경우, 결코 바뀐 적도 없는데 바뀐 것을 찾으려 하거나, 또한 반쯤의 경우는 거의 불가능한 일인 대상과 자신을 과거의 상태로 돌리려고 헛되이 노력한다. 우리 인간 일반에게 아직 사유(思惟) 속을 제외하고 물(物)의 세계를 과거로 돌릴 힘은 없음에도 불구하고. 누군가와의 호의가 반감으로 바뀌어 있음을 느낄 때를 사유해보면, 대부분의 경우 그 대상과 나의 문제가 아님을 알 수 있다. 즉, 극히 비정상적인 사람들이 아닌 한, 아무도 없는 섬에서 마음껏 먹을 수 있고 마음껏 쉴 수 있는 상태에서 둘만 있었다면 발생하지 않았을 문제가 대부분이다. 어떤 거리를 걷는다고 생각해 보자. 어느 서늘한 가을 오후, 혼자, 이 거리를 지날 때 아름답고 편안한 느낌을 받았다고 해서, 사람이 많이 지나가는 매우 더운 날, 바로 그 길이라고 하더라도 유사한 감성적 느낌을 받을 수는 없다. 우리의 마음도 다르지 않다. 사랑과 우정의 감정도 이를 피해 갈 수는 없다. 달라진 것은 그와 내가 아닌 이 삶의 모든 것이다. 고집불통 젊은이가 되는 것은 하루아침이다. 변심이란 원래 없다.

어느 한가로운 오후의 사유

삶의 감성적 분석

ᕦ 마음이 바뀌는 것은 다 그만한 이유가 있다. 마음은 항상 최선의 선택을 하기 때문이다. 그러므로 선택 받는 삶을 사는 자(者)는 약자일 수밖에 없다. [진정한 강재]는 선택할 수 있는 선택하는 자(者)뿐이다. 우리 삶을 가능한 한 그렇게 만들어야 한다. 그것을 위해서는 물론 오랜 기간 준비가 필요하다. 보통 젊음을 바칠 필요가 있다.

어느 한가로운 오후의 사유

21. 감성 대립

인간의 감정은 반드시 그 대립 감정을 갖는다. 자신의 감정이 자신을 압도할 때 자신의 감정을 분석해보면 반드시 동시에 2개의 감정이 [감정과 그 대립 감정] 모두 자신에게 작용하고 있음을 인식할 수 있다. 극도로 즐거울 때, 슬픔으로 눈물이 나는 것은 그 대립 감정의 작용이다. 자유 속에는 억압이 감추어져 있고, 온유함 속에는 강건함이 감추어져 있으며, 호의(好意) 속에 미움이 숨어 들어온다. 특별한 경우를 제외하고 우리는 호의를 가지고 지낸 사람에게서만 미움을 느낀다. 호의를 가지지 않았던 무관심한 사람들에게는 미움을 가질 수도, 가질 이유도 없다. 그러므로 자신이 실제 가지고 있는 감정 상태를 알고 싶을 때 그 대립 감정을 인식함으로써 알 수 있는 경우가 많다. 이는 자신의 감정을 통제하고 싶을 때 유익하다.

어느 한가로운 오후의 사유

누군가에게 화가 날 때 숨어 있는 대립 감정을 순간적으로 떠올리는 것은 유익하다. [내가 왜 화를 내는가]라는 관점이다. 일반적으로 자신이 존중받지 못함에 자기방어로서 화가 난다. 이때, 분노라면 자신에 대한 존중을 기대했을 것이고, 질투라면 자신에 대한 사랑을 기대했을 것이다. 짜증이라면 자신에 대한 동의를 기대했을 것이고, 실망이라면 자신에 대한 이익을 기대했을 것이다. 화를 낼 때 존중을 요구할지, 사랑을 요구할지, 동의를 요구할지, 이익을 요구할지 상대에게 명확히 이야기하는 것이 좋다. 이 경우 보통 어렵지 않게 서로 생각이 비슷해진다. 이야기를 돌려서 명확하지 않게 하면 서로의 생각은 더욱 멀어지고 둘 중 하나가 자포자기적 양보를 하지 않으면 해결되지 않는 상황까지 흘러간다.

22. 비겁

자신의 의지에 반(反)하는 자신의 감성을 느낄 때, 인간 일반은 자신에 대한 확신으로부터 멀어지는 듯한 느낌을 받게 된다. 하지만, 우리 인간의 의지를 가장 확실하게 보여주는 것은 바로 감성이기 때문에 이와 같은 느낌은 잘못된 것이다. 반(反)하는 것이 아니라 반(反)하는 것으로 오해하고 있을 뿐이다. 그러므로 의지와 감성의 불일치가 느껴지면 그것이 자신의 감성 작용만의 원인인 것으로 자신을 정당화시켜서는 안 된다. 의지는 감성과 독립적으로 존재하지 않기 때문이다. 자신의 잘못을 감성의 탓으로 돌리고, 자신은 고귀한 의지를 가진 숭고한 자라고 생각하는 어리석음으로부터 자신을 돌아볼 수 있어야 한다. 보통 거짓 강자들이 그런 어리석음에 빠지는 경우가 많다. 의지와 감성의 불일치란 비겁함에 불과하다.

어느 한가로운 오후의 사유

ᄼ 자신의 의도는 좋은 것이었으나, 약한 감정을 못 이겨 자신의 의도
와는 다른 생각과 행동을 하게 되었다고 변명하는 것은 보통 우리의 삶
이 그렇기 때문에 그럴 수도 있다고 생각할 수 있다. 예를 들면 두 얼굴의 권력자
그러나 이것은 매우 위험한 생각이다. 극악한 범죄자나 술에 취해
파렴치한 행동을 하는 자들의 변명과 사실은 크게 다르지 않기 때
문이다. 물론 우리 모두 어느 정도까지는 이해할 것이다. 그러나 끝
까지 자신을 속이는 비겁함은 용납되어서는 안 된다. 비겁함은 가장
약한 자의 속성이다. [거짓 강자]들은 대부분 비겁하다.

어느 한가로운 오후의 사유

23. 감성 나침반

삶은 항상 방향성을 가지고 있는 것이 좋다. 그러면, 자신의 삶을 돌아볼 때 항상 자신의 삶의 방향이 느껴진다. 그러나 보통 삶 속으로 돌아오면 방향성은 사라지고 모든 것은 미로와 같이 혼란스럽게 다가온다. 시기마다 그 방향성의 정도에 아주 큰 차이가 있어서 자신의 삶을 돌아볼 때 그 방향성이 느껴지지 않는 경우도 있는데, 이처럼 삶의 방향성이 혼란스러우면 즉시 자신의 삶의 방향을 확인하는 것이 좋다. 방향성이 없으면 진전도 없다. 알고 있다는 것과 그 앎을 자신의 삶으로 만들어 가는 것(행동)은 다른 일이다. 이때 나침반이 필요한데 그것이 감성이다. 어리석음으로부터 사람들을 되돌릴 수 있는 것은 이성도 권력도 아니다. 오직 감성만이 그들을 변화시킨다.

〰 감성이 향하는 대로 삶을 꾸려 나가는 것이 그런대로 삶이 흐트러지지 않는 방법이다. 감성이 우리의 존재와 그래도 가장 가깝기 때문이다. 이성적 논리를 따라 삶을 꾸려 가면 그렇게 오래지 않아 미로에 빠진다. 인간의 힘이 닿지 않는 삶의 비이성적 요소 때문이다. 즐거움을 기준으로 하던지, 흥미로움을 기준으로 하던지, 자랑스러움을 기준으로 하던지, 설렘을 기준으로 하던지. 그 기준은 마음대로이다.

24. 휴식

진정한 휴식을 취할 수 있는 경우는 많지 않다. 자신의 모든 삶을 정지시키고 자신과 대상을 모두 회복시키기 위해서 우리는 휴식하는 방법을 열심히 탐구하는 것이 좋다. 우리는 보통 수면과 쉼을 통해 휴식을 취한다. 그러나 쉬는 것의 의미를 육체의 부동(不動) 움직이지 않는 것 으로 생각해서는 안 된다. 눈을 쉬고, 귀를 쉬고, 코를 쉬고, 입을 쉬고 촉각을 쉬는 것과 함께, 사물의 의미를 생각하는 의식을 쉬고, 자신의 자의식을 쉬고 그리고 마지막으로 자신의 모든 기억으로부터 쉰다. 현재뿐 아니라, 과거와 미래 모든 감성적 휴식이 필요하다.

063

어느 한가로운 오후의 사유

삶의 감성적 분석

↗ 우리 모두는 그렇게 다르지 않다. 좀 더 힘 있는 삶을 위해서는 자신의 길을 향해 얼마나 나아갔는가도 중요하지만, 휴식을 얼마나 잘하는가에 따라서도 크게 달라진다. 우리의 삶은 길지는 않지만 짧은 시간도 아니기 때문에, 휴식하는 방법이 잘못되면 반드시 목적지에 도달하기 전에 지쳐 쓰러지게 된다. 그러므로 자신의 길을 목적할 때, 반드시 휴식을 고려해야 한다. 그리고 휴식하는 방법도 반드시 익혀 두어야 한다. 약자와 강자도 결국 휴식의 차이에 의해 결정될 수 있다.

어느 한가로운 오후의 사유

25. 감성 존재

사유의 혼돈과 더불어 사물의 본질에 대한 오류 또한 대부분 인간 감성에 기인한다. 이는 태양보다 크고 뜨거운 별들이 차갑게 느껴지는 것으로부터 그 유사성이 인지된다. 매우 간단한 사실이지만, 이에 대한 인식으로부터 사물의 본질 탐구를 위한 준비를 마친 셈이다. 우리 삶이 허락하는 시간 동안 우리가 아는 것은 우주를 이루는 지식과는 비교할 수 없다. 조금 더 많이 안다고 자랑하지 말기를. 우리가 자랑할 것은 지식이 아니다. 우리가 자랑할 것은 감성을 가질 수 있는 존재라는 것, 생각조차 할 수 없는 우주의 무한 공간 내에서 몇 되지 않는 감성을 가진 창조물이라는 것이다.

어느 한가로운 오후의 사유

감성 존재라는 점에서는 우리 모두 강자도 약자도 없는 평등의 세상에서 살고 있다. 이것이 우리 감성이 소중한 이유이다. 어린아이들의 무분별, 사랑의 무분별, 우정의 무분별. 진리가 우리를 자유롭게 하듯이, 감성이 우리를 평등하게 할 것이다.

어느 한가로운 오후의 사유

26. 무력 (無力)

자신의 힘의 영역 밖의 의지는 분명 사람들을 무력하게 하고 병들게 한다. 그러나 우리 인간의 힘의 영역을 벗어나는 의지는 그렇게 많지 않다. 겁낼 필요 없다. 오히려 우리가 두려워해야 하는 것은 우리의 힘의 영역 내에 있음에도 불구하고 이를 인식하지 못하고 묻혀 버리게 하는 [의지의 분열]이다. 우리 시대의 비참함과 우울함은 대부분 이로부터 기원한다. 권력의 그림자 속에서 은밀한 세뇌로 우리의 [의지가 분열]되고 있음조차 알지 못하게 되어가고 있다. 삶은 대부분 전부는 물론 아니지만 우리의 힘의 영역 안에 있다. 우리 주위는 끝없이 펼쳐져 있는 자유로 가득하다.

어느 한가로운 오후의 사유

삶의 감성적 분석

⟳ 우리가 [무력하다]는 것은 오해이다. 우리 모두는 약자가 아니다. 우리를 무력하게 하는 것은 우리의 허영심과 욕구를 자극하여 상대적 무력감을 가지도록 하는 인간적인 면에서 비열한 상술과 전략이다. 물론 그들도 생존을 위한 것이니 탓할 일은 아니다. 하지만 이를 조소(嘲笑)할 수는 있어야 한다.

어느 한가로운 오후의 사유

27. 불안의 이유

비가 오거나 밤이 되어도 태양은 존재한다. 누구나 아는 사실임에도 불구하고 우리는 기억력이 그렇게 좋은 것 같지가 않다. 그런데 태양이 항상 존재하는 것이 나와 무슨 상관이 있는가. 우리 삶에서 비유한다면 태양은 바로 나의 존재이다. 항상 존재함은 삶을 충분히 평온하게 한다. 불안은 결국 존재의 불확실성으로부터 기원한다. 불안을 벗어나는 방법은 우리의 흔적과 체취를 영원한 시간 속에 담는 것이다. 시간 속에 담는 방법은 자전거를 타는 법과 비슷하여 스스로 터득하는 것이다,

어느 한가로운 오후의 사유

삶의 감성적 분석

ᴎ [불안의 시대]이다. 불안을 대비하여 많은 것을 한다. 건강, 재난, 사고, 방범. 불안을 조장할수록 부(富)의 축적을 위한 수단이 증가한다. 이는 사람들을 위한 것으로 위장되어 있고 이것들을 고마워하기까지 한다. 불안 때문에 자신의 거의 모든 것을 빼앗기는데. 불안을 해소하려는 정신적 수행(修行)마저 경제적 목적에 이용된다. 우리 주변에 아무것도 없는 느낌이다. 우리는 본래 약자가 아니었는데 약자로 만들어지고 있다.

어느 한가로운 오후의 사유

28. 망각을 위한 연습

인간 일반은 감성을 그대로 느끼기에는 너무도 많은 것을 알아 버렸다. 이제, 하나의 감성은 그것이 자기화되기 전에 이미 분석적 해부를 통해 쓸모없는 조각들로서 흩어진다. 자연 현상마저 분석적 개념화되어버린 지금, 순수한 감성을 느끼기 위해 우리에게 필요한 것은 망각을 위한 연습이다. 우리가 알고 있는 것들에 대한 망각. 우리에게 끊임없이 주입하려는 외부 자극의 단절. 순수 감성을 위한 길은 복잡해 졌다.

망각의 효용은 이미 많은 철학자들이 간파했다. 망각은 자신도 모르게 자신에게 필요 없는 정보를 제거하는 과정이다. 하지만 자신의 기억 속에 있는 것을 유용성과 무관하게 잊어 버리는 것도 연습을 통해 가능하다. [크고 싱싱한 소나무, 동그랗고 하얀 구름, 거북 같은 회색 바위 그리고 그 옆을 흐르는 맑고 작은 계곡물] 아무것도 생각나지 않을 때까지 사유 망각을 위한 연습 한다. 처음엔 형용사가 기억에서 사라지고 몇 가지 명사들이 기억에서 사라질 것이다. 이와 같은 망각을 위한 연습이 우리를 힘들게 하는 강자와 약자의 이분법적 세상에서 우리를 순수하게 해 줄 수 있을 것이다. 망각해야 할 것은 망각하는 것이 좋다.

어느 한가로운 오후의 사유

29. 감정과 감성

삶의 주위에는 아주 많은 것들이 감추어져 있다. 그러므로 많은 것들을 느끼기 위해서는 우리의 감성을 게을리해서는 안 된다. 게으름은 감각적 즐거움을 추구한다. 한가함과 게으름이 다르듯 감성적 즐거움과 감각적 즐거움은 다르다. 한가함과 감성적 즐거움의 공통점은 그들이 자신 의지 세계 속에 있으며, 그 동일 정태(靜態)의 지속 시간을 그렇게 길게 두지 않는다는 것이다. 게으르면 감각적 즐거움에 빠져 어리석게 되지 않을 수 없다.

세걸음 감성의 발견

ꕥ [감정]은 자신의 의지 영역 밖의 것을 말하고, [감성]은 의지 영역 안
의 것이다. 공부가 지속될수록 감정의 영역은 줄어들고 감성의 영역
은 최대화된다. [거짓 강자]들은 보통 반대이다.

어느 한가로운 오후의 사유

30. 경멸

　　자신의 삶의 가치를 증대시키기 위해 우리가 얻을 수 있는 것들은 대부분 우리 자신 속에 이미 내재되어 있다. 자신의 내재된 가치들이 드러나지 않는 이유는 인간 일반이 가진 자신에 대한 경멸감에서 비롯된다. 우리는 자신을 가장 소중한 것으로 생각하는 것 같지만 사실 자신만큼 자신으로부터 무시당하는 것도 없다. 하나에서 열까지. 이로부터 벗어나기 위해서는 우선 자신에 대한 오해부터 풀어야 한다. 자신보다 허영을, 자신보다 꿈을, 자신보다 지식을, 자신보다 명예를, 자신보다 도덕을, 자신보다 육체를, 자신보다 타인을, 자신보다 국가를. 이 모두가 오해이다.

꒰ 사람들이 생각하는 약자의 특징은 자신을 존중하지 않는다는 것이다. 그런데 사람들이 생각하는 강자의 특징도 자신을 존중하지 않는다는 것이다. 전자는 타의에 의해, 후자는 자의에 의해서이다. 그런데 둘은 별 차이 없다. 차이라면 중년을 넘긴 얼마 동안쯤, 사람들의 부러움의 시선을 받는다는 차이 정도. 나라면 약자도 되지 않겠지만, 그런 강자 또한 되지 않겠다.

어느 한가로운 오후의 사유

31. 인내

자신의 삶이 자신 아닌 자에 의하여 변화됨은 슬픈 일이다. 하지만 그 변화가 자신의 삶을 좀 더 가치 있는 것으로 변화하도록 한다면 그 좌절은 견뎌내야 한다. 그런데, 안타깝게도 자신의 삶을 가치 있도록 변화시켜주는 타자(他者)를 만나는 것은 일생을 통해 거의 경험되지 않는 경우도 많다. 이는 자신을 인도해 줄 만한 타자(他者)의 부재 탓도 있지만, 대부분은 타자(他者)를 수용할 자신의 인내심의 부족 때문이다.

어느 한가로운 오후의 사유

약자와 강자의 구분은 인내심의 정도에 의해 결정된다. 인내심만 있으면 이미 반쯤 강자이다. 특히 그것이 인간을 위한 것이라면. 인내심은 타고나는 것이 아니라 학습과 끊임없는 연습을 통하여 조금씩 향상된다. 인내심이 부족한 자들은 보통 이것을 잘 모르고, 자신의 어쩔 수 없는 타고난 기질이라고 생각한다.

어느 한가로운 오후의 사유

32. 불확실성

　많은 사람들의 현재 삶은 미래의 불확실성으로부터 위안을 받는다고 생각한다. 그러나 더 많은 수의 사람들은 바로 이 미래의 불확실성으로부터 고통을 받는다. 아무리 좋게 생각해도, 미래의 불확실성은 우리에게 크게 도움을 주는 것 같지는 않다. 아마도 우리의 삶에 영향을 미치거나 도움을 주는 것은 현재의 모습으로 결정되는 것이 틀림없다. 그런데 대부분의 우리 인간은 미래의 허상에 자신의 삶을 맡겨 현재의 삶의 가치를 망각한다. 이때, 우리를 현재로 되돌려주는 것이 바로 감성이다.

079

삶의 감성적 분석

~ 불확실한 것들로 가득하다. 확실한 것이 무엇인가. 그가 나를 사랑하는 것은 맞는가. 내가 내일 아침까지 살아 있을 수 있는가. 내 생각과 이성은 아무것도 확실한 것을 알려 주지 않는다. 확실한 것은 지금 내가 보고 아름다움을 느끼고 있다는 사실, 지금 내가 듣고 즐거워하고 있는 사실, 지금 내가 꽃 향기를 맡고 취해 있다는 사실 이것만이 확실하다, 감성은 현재이다. 이것이 현재로부터 벗어나면 과거의 기억, 감정 그리고 미래의 불확실성으로 사라져 버린다. 우리 모두는 [감성을 위한 노트]를 준비해야 한다.

어느 한가로운 오후의 사유

33. 희생

인간 일반은 자신의 의지대로 많은 사람을 움직이고자 하는 욕구 때문에 어느 정도 자신을 희생할 각오가 되어 있는 것 같다. 그런데 이와 같은 의지는 반대로 자기를 자신의 의지대로 움직이게 하는 힘을 약화시킨다. 왜냐하면, 일반적으로 권력 의지 근거는 철저한 자기 부정을 통한 [자기 일반화]를 필요로 하기 때문이다. 이 자기 일반화가 진행되면 더 큰 목적을 위해 자신의 능력으로는 불가능하다는 것을 인식하지 못하고 자신을 희생한다는 만족감으로 인해, 더 이상 자신 진정한 존재 에의 의지는 그 가치를 잃어 가게 된다. 그러므로 정치가, 권력자, 재력가들은 어느 정도 치료를 필요로 하는 정신병적인 요소를 가지지 않을 수 없다. 그러나 오래지 않아 깨닫는 것이 있게 되는데, 그것은 사실은 우습게도 그 어느 누구도 그의 의지대로 움직인 자(者)는 결코 없었다는 것이다. 우리는 사람들의 의지를 성취하도록 도와줄 수는 있어도 사람들의 의지를 정복할 수는 없다. 그런데 많은 인간은 자신의 능력 밖의 어리석은 권력에의 의지를 인간 또는 민중 전체의 향상과 동일시하는 민중에 기여한다고 생각하는 중대한 오류를 범한다.

어느 한가로운 오후의 사유

자신을 희생하여 민중을 구원하려는 것은 모든 강자의 이상향이다. 그러나 실제로 그럴 수 있는 것은 천 년에 한 번 나타나는 성자(聖者)만이 가능한 이야기이다. 자신을 너무 과대평가해서는 안 된다. 우리는 약자도 아니지만 그렇다고 강자도 아니다. 잊지 말 일이다.

어느 한가로운 오후의 사유

34. 자신답게 그리고 인간답게

모든 외부 자극으로부터 초연하려는 것은 자신에게 몰두함으로써 어느 정도 성공하지만, 자신의 욕망으로부터 초연하려는 것은 별다른 방법을 찾을 수 없는 것 같다. 오직 한 가지 가능성으로서 욕망의 대체를 시도하지만, 이 또한 그리 좋은 대안은 아니다. 그러므로 자신의 욕망으로부터 초월하려는 자는 그 욕망의 근원을 없애는 피하는 방법뿐이다. 그러나 자신이 이미 욕망의 영역 속에 있다고 판단되면 그 욕망을 어떻게 가장 [자신답게 그리고 인간답게] 이룰 것인지를 생각하는 것이 그 욕망으로부터 벗어나려 노력하는 것보다 현명하다. 그리고 [자신답게 그리고 인간답게] 이룰 수 없는 욕망에 대해서는 과감하게 철퇴를 내리는 것이 좋다. 우리 인간 일반은 모든 자신의 욕망에 대해 초연할 수는 없지만 다행히도 아직 자기화되지 않는 욕망에 대해서는 초연할 수 있는 힘이 있는데 우리는 이것을 [인간적 자기 초월]이라고 정의하고 사유한다. 욕망이 아직 자기화되기 전에 조금씩 자신으로부터 이탈시킴이 좋다.

어느 한가로운 오후의 사유

자신다울 수 있으면 그것으로 충분하다. 항상 자신다움을 잃지 않는 일관성. 조금 부족하고 조금 마음에 들지 않지만, 자신다움을 유지한다면 그런대로 사람들과 같이 사이 좋게 살아갈 수 있다. 문제는 자신다움을 가지지 못한 뛰어난 자들이다. 그들은 우리의 삶을 재미 없고 힘들게 만든다.

어느 한가로운 오후의 사유

35. 흐릿함

타인으로부터 이해받고자 하는 자는 자신의 사유를 너무 뚜렷이 나타내면 안 된다. 왜냐하면, 우리 대부분의 사람은 일반적으로 사유가 흐릿하고 불명확하기 때문에 명확한 사유는 자신들의 생각과 다르다고 생각하기 때문이다. 이는 대중의 호평을 받기를 원하는 작가들이 꼭 알아 두어야 할 사항이다. 대중의 호평이 나쁜 것은 아니다. 그것에 흔들리지 않는다면. 물론, 대중의 호평을 받지 못한다고 실망할 필요는 없다.

어느 한가로운 오후의 사유

~ 사람들은 자신과 다른 것에 반감을 가질 수 밖에 없다. 자신의 것이 의미를 잃을 수도 있기 때문이다. 그러므로 자신에게 반대하는 자들에 대하여 너무 반감을 가질 필요 없다. 그들 모두가 약자이기 때문이다. 자신은 약자가 아니라고 생각하고 있다 해도 비슷한 경우 다르게 행동할 것이라고 속단할 수 없다. 제삼자의 입장과 자신이 개입된 경우는 다르기 때문이다. 자신에게 영향을 미치지만, 자신과 다른 것에 반감을 가지지 않을 때, 비로소 약자로부터 벗어 날 수 있다. 혹시 이런 자(者)가 눈에 띄면 놓치지 말고 친구로 삼기를 권한다.

어느 한가로운 오후의 사유

36. 조화

인간 일반이 아름답게 보이는 때는 그가 자연과 조화로운 모습을 보일 때라고 예술가들 사이에서 이야기되고 있다. 그런데 이상한 것은 이미 자연과의 조화를 이루고 있다고 생각되는 사람들 자신은 일반적으로 그렇게 생각하지 않는다는 것이다. [자연과의 조화는 인간이 만들어낸 커다란 오류 중 하나이다.] 자연과 가깝게 지내는 것은 자신의 본성이 외부 자극에 의해 쓸모없이 소모되는 것을 막아주는 데 도움이 되는 것은 사실이다. 하지만 약간의 도움이 될 뿐이지 자연은 인간의 본성에 그렇게 영향력이 크지는 않다. 자연과 본성은 혼동되어서는 안 된다. 인간 일반이 아름답게 보이는 때는 오히려 그가 [사람들과 조화로운 모습을 보일 때]이다. 자연이 아닌 사람들 사이에서 그의 본성이 모습을 드러내기 때문이다.

087

ㄴ 자연을 너무 좋아할 필요 없다. 사람이 사실 가장 대표적인 자연이
다. 마음의 평온을 찾고 싶어, 사람을 피해 자연으로 가는 것은 쓸모
없는 이동이다. 마음의 평온을 깨뜨린 것이 사람이라 할지라도, 마
음의 평온을 다시 회복시켜 주는 것도 사람이다. 물론 자연은 육체
적인 휴식과 회복에 도움이 된다. 자연과 조화롭게 되려고 노력하지
말고 조금이라도 더, 사람들과 조화롭게 되려고 생각하고 노력해야
한다. [우리가 알아야 할 것은 사람들보다 뛰어나게 되는 법이 아니
라 사람들과 함께 즐거워하는 법이다. 즐거운 여름밤 서늘한 바람이 알려주는
것들. p308]

어느 한가로운 오후의 사유

37. 감성에서의 타자(他者)의 역할

인간 일반은 어떤 감정을 느낄 때 그 감정의 근원이 타자(他者)에게 있다고 생각한다. 하지만, 잘 생각해보면 모든 감정은 자신으로부터 기원하고 이미 자신이 보유하고 있던 자신의 표출임이 드러난다. 단지 타자(他者)는 그것을 작용시키는 작용자의 역할을 할 뿐이다. 그러므로 자신의 감정이 극도로 고조되었다 하더라도 타인에 대하여 그렇게 큰 비중을 둘 필요는 없다. 자신 이외에는 그 누구도 자신의 감정을 변화시킬 힘을 갖지 못하기 때문이다.

어느 한가로운 오후의 사유

삶과 감정의 본성

타자(他者)와 다투는 과정에서 타자(他者)에게 분노를 느꼈을 때 그 분노의 원인의 대부분이 타자(他者)에 있다고 생각하는 것은 오해이다. 보통 분노하는 자들 본인이 대부분의 원인을 가지고 있다. 왜냐하면, 분노란 자신의 약점과 아픈 곳이 드러남에 따라 그것을 감추기 위한 위장 전술이기 때문이다. 그러므로 자신이 화를 자주 낸다거나, 쉽게 분노하면 그만큼 자신이 부족함을 인식해야 한다. 화와 분노를 줄이기 위해서는 사유와 연습 이외에는 다른 방법이 없다.

어느 한가로운 오후의 사유

38. 감성의 지속 시간

인간 감성은 지속 시간이 그렇게 길지 못하다. 왜냐하면, 동일한 감성을 유지하기 위해서는 다른 모든 감성들을 억압하는 노력이 필요한 데, 이에는 많은 힘의 소모가 뒤따르기 때문이다. 그러므로 감성은 스스로 유지되는 것이 아니라 감성 주체에 의하여 의도된 노력에 의해 기억 유지되는 것이다. 감성은 그 기억의 정도에 따라 그 존속 기간이 결정된다. 깊은 사랑도 절망적 슬픔도 그렇게 예외는 아니다.

어느 한가로운 오후의 사유

↯ 자신을 숭고한 상태로 유지할 수 있는 자(者)가 [진정한 강자]라는 것에는 의심의 여지가 없다. 그런데 어느 누구도 쉽게 그것을 유지하기 어렵다. 정제(精製)되지 않은 정보들을 쉽게 볼 수 있게 된 것과 그것을 이용해 돈을 벌려는 자들의 천박한 유혹은 우리 젊은 자들을 쉽게 굴복시키기 때문이다. 굴복당한 그들은 어둠 속 유령과도 같이 그들 주변의 고귀한 자들을 유혹하거나, 유혹에 넘어오지 않으면 비난하고 공격한다. 숭고한 감성을 유지하기가 더욱 어려워지고 있다.

39. 경이로움

우리의 감성은 반드시 그 원인을 가진다. 그러므로 감성은 그 원인이 동일할 때에는 대부분 유사한 감성을 일으키는 것은 어느 정도 사실이다. 그런데 동일한 감성의 재현을 원할 때, 문제는 완전히 동일한 원인을 재현하는 것이 불가능하다는 것이다. 그러므로 극히 예외적 경우를 제외하고는 동일 감성의 재현은 기대하지 않는 것이 좋다. 우리는 과거 감성의 재현에 너무 힘을 쏟아 현재의 새로운 감성의 창조를 게을리해서는 안 된다. 당연한 이야기지만 그렇지 않다고 하는 사람도 있겠지만 기억 속의 감성과 현재의 감성의 가치는 크게 다르지 않다. 시간적 동질성은 감성의 동질성으로부터 기원한다. 그러므로 애석하게도, 어느 한 번의 감성은 우리의 삶 속에서 두 번 다시 재현될 수 없다. 우리의 삶은 계곡의 상류로부터 흐르는 물과 같이 끊임없는 경이로운 순간의 연속이다. 목숨이 끝나가는 때의 경이로운 순간도 16살 어린 시절의 경이로움과 크게 다르지 않다. 그리고 그리하도록 삶을 천천히 걸어 가면 된다.

젊은 자들은 자신의 일이 나이 든 자의 일보다 좀 더 의미 있는 결과를 가져올 것이라고 기대한다. 좀 더 어린 시절에 깨우쳐야 하는 오해이다. 죽음을 오래 남겨두지 않은 지혜롭고 아름다운 자의 관조적 사유(思惟)는 젊은 자들은 머리를 들 수 없을 정도로 눈부시다. 문제는 이 사실을 젊은 자들은 잘 모를뿐더러, 그 사유(思惟)의 주인공 자신도 잘 모른다는 것이다.

어느 한가로운 오후의 사유

40. 감성의 격류

　자신의 감성이 삶을 압도할 때 그 감성의 역류 속에 자신을 맡기는 것도 좋은 방법이다. 단, 그 감성을 느끼는 것은 바로 자신이며 자신의 삶은 감성으로서만 구성되지는 않는다는 것을 잊지 않는다면. 자신이 감성의 격류 속에 있을 때 거울을 보는 것은 매우 유익하다.

어느 한가로운 오후의 사유

ᔭ 거울 속의 나는 약자이거나 또는 강자이다. 그러나 실제 [나] 존재 는
약자도 강자도 아니다. 자신이 강자라고 생각되면 거울을 보고 그
렇지 않음을 인식하고, 자신이 약자라고 생각되면 거울을 보고 그렇
지 않음을 인식할 수 있으면 좋다. [거울을 보고 있는 나]는 [거울 속
에 비친 나]와 다르게, 순수하고 욕심 없고 모든 사람들과 함께 즐
거워할 수 있는 존재이다. 거울을 보면서 외면적 모습뿐 아니라 약
자와 강자를 초월한 숨어 있는 그 무엇을 문득 볼 수 있기를. 어떠한
감정의 격류도 이 존재를 보는 순간 평온해진다.

어느 한가로운 오후의 사유

41. 감성 기준

우리 인간 일반은 자신의 삶 속에서 변하지 않는 자신의 기준을 하나쯤 가지는 것이 필요하다. 이 기준은 자신을 유지해줄 뿐 아니라 자신의 변화된 모습을 알려주기 때문이다. 자신에게서 이와 같은 기준이 발견되지 않으면 자신 이외의 자(者)에게서라도 그것을 발견하고 자신의 기준으로 하는 것도 좋다. 물론 때로는 위험한 방법이긴 하지만. 예를 들면 [가을, 노란 은행잎에서 항상 즐거움을 느끼는 것]은 유익한 기준이다.

어느 한가로운 오후의 사유

～ 우리는 변화하는가. 젊은 시절의 존재와 노년의 존재는 다른가. 변화한다면 무엇이 변화하는가, 변화하지 않는다면 무엇이 변화하지 않는가. 이때, 감성 기준은 그 답을 해 준다. 만일 이 기준이 바뀌지 않았다면 자신은 별로 바뀐 것이 없다고 안심해도 된다. 아마도 어느 정도 철든 이후의 자신은 죽음이 의식을 잃게 하기 전까지 그렇게 변하지 않을지도 모른다. 얼굴에 주름이 생기더라도 거리낌 없이 삶을 즐기면 된다. [가슴 뛰는 젊음은 감성에 의해 결정된다.] 자신을 공연히 나이 든 약자로 만들지 말라.

42. 감성 준비

인간의 감성은 준비 기간이 너무 길어지면 그 강도는 약해진다. 그러므로 감성이 완성되면 그 감성을 실행하는 데까지 너무 시간을 끌어서는 안 된다. 그렇지만, 준비 기간이 너무 짧은 급작스런 감성 생성의 경우도, 많은 경우 그 힘이 약하다. 왜냐하면, 감성은 새롭게 창조되는 것에 의한 영향이 크지만, 의도적으로 천천히 준비되어 만들어지는 것도 새롭게 창조된 감성만큼이나 영향력이 적지 않기 때문이다. 스스로 만들어 가는 감성이 새롭게 창조된 감성을 충분히 변형시킬 수 있다. 자신의 감성을 소중히 하려 한다면 이 모두를 고려할 일이다. 아침에 떠오르는 해와 산바람과 함께, 매일을 새롭게 시작하도록 마음을 항상 열어 두기를.

어느 한가로운 오후의 사유

감성은 어느 순간 창조되는 것보다 그것을 만들어 감에 의해 커지는 경우가 더 많다. 천재적 작곡가가 자신의 음악을 만들 때와 비슷하다. 자신이 무언가 일을 시작할 때 잊지 말아야 할 사항이다. 계속된 간절함은 반드시 길을 열어 준다. 약자(弱者)도 간절함만 있으면 더 이상 걱정 없다.

어느 한가로운 오후의 사유

43. 감성을 위한 연습

감성 또한 연습에 의해 그 창조성이 증대된다. 시인들은 시를 쓰기 전에 자신의 감성을 위한 연습을 충분히 해야 한다. 이 연습이 부족하면 시를 쓰는 것은 고통스러운 과정으로 느껴진다. 그러므로 시를 쓰는데 고뇌의 과정을 필요로 하는 시인들은 즉시 펜을 놓고 감성 연습을 다시 시작해야 한다. 항상, 마음만 먹으면 시적 감성을 가질 수 있다고 생각해서는 안 된다.

시를 위한 감성적 분석

어느 한가로운 오후의 사유

삶의 감성적 분석

∿ 감성은 우리를 아름답게 한다. 이성적이고 이익을 위한 삶의 투쟁을 평온하게 바꾸어 주기 때문이다. 감성은 무엇인가 추구하는 삶에서 지금 가지고 있는 것을 따뜻하게 바라보는 마음을 선물한다. 다시 이야기하지만, 강자와 약자의 구분은 미래를 걱정하는 이성의 세계에서이다. 감성의 세계에서는 그런 것 모두 필요 없다. 감성은 현재이다.

어느 한가로운 오후의 사유

44. 치장

일반적으로, 젊은 여성들은 자신을 보아주는 대상이 있어야 자신을 치장한다. 당연한 일이다. 아니, 사실, 이러한 특성은 여성적인 것이 아니라 인간적인 것이다. 오히려 남성들의 경우가 더욱 강렬할지 모르겠다. 물론, 치장의 대상이 약간은 다르겠지만. 그런데 자신을 보아주는 대상이 없는데도 자신을 치장하는 자도 있기는 하다. 그는 위대한 정신의 소유자이거나 또는 어리석은 자이다. 많은 사람이 사실, 자신을 보아주는 사람은 별로 없는데 자신을 치장하는데 바쁘다. 그런데 그렇게 많은 사람이 모두 위대한 정신의 소유자일 리는 없다. 우리는 왜 치장하는가. 치장은 최선을 다해 자신을 가꾸는 것인가. 최선을 다해 타자(他者)를 기만하려는 것인가.

삶의 감성적 분석

　치장은 자신을 과장되게 보이게 하여 타자에게 호감을 얻으려는 행위이다. 그러므로 치장은 기만을 목적으로 한다. 그런데 아쉽게도 외면적인 것에 제한된다. 자신의 내면 모습은 아무리 치장하려 해도 바로 발각된다. 이것은 외면적 치장이 어려운 약자에게는 매우 다행한 일이다. 약자도 걱정 없다.

어느 한가로운 오후의 사유

45. 감성적 시야 (視野)

인간의 외형적 성취 뒤에는 반드시 잃어버린 것이 있다. 이때, 안타까운 것은 대부분의 경우 잃어버린 것이 성취한 것보다 많다는 것이다. 그러므로 자신의 외형적 성취 목표를 포기하는 것이 훨씬 자신에게 유익한 경우가 많다. 외형적 목표를 포기하면 삶은 새롭게 변화되고 자신을 향한 새로운 삶의 방향과 진실이 눈에 다가온다. 이때가 첫 번째 정상이다. 낮은 정상이더라도 일단 올라야 주위를 조망할 수 있다. 언젠가는 반드시 알게 되는 이 사실을 알기 위해 보통, 생(生)의 대부분이 걸리는 경우가 많다. 비극적 착각이다.

어느 한가로운 오후의 사유

외형적 성취를 위한 삶이 아닌, 자신 내면 감성을 실현하기 위한 삶을 사는 것이 훨씬 유익하다. 외형적 성취는 적을지 모르지만, 그의 시간 속에는 그의 감성적 향기와 흔적이 남아 그를 항상 즐겁게 하기 때문이다. 차가운 종이 조각들을 모으려고 삶의 대부분을 허비하는 것보다는 그것을 반쯤 아니 대부분 포기하고 따뜻한 감성 추억들을 조금이라도 더 만드는 것이 좋다.

46. 그리움

　　누군가가 그리워지는 것은 그 사람이 그리운 것보다는 그와 함께한 즐거운 시간에 대한 기억들이 그리운 경우가 많다. 그러므로 우리의 망각에 의해 즐거운 기억들이 사라져가면, 너무 오랫동안 만나지 않았던 친구에게서 이제 그렇게 큰 즐거움이 느껴지지 않을 것이다. 즐거운 기억들이 잊혀지지 않도록 어느 정도 기간 후에는 사람들을 다시 만나 기억을 되살리는 것이 자신과 친구들 모두를 위해 좋다.

107

어느 한가로운 오후의 사유

누구나 자기중심적이다. 타자(他者)에 대한 그리움조차 사실 그와 함께한 자신의 즐거움에 대한 그리움과 혼동된다. 좀 더 근원적으로 생각해 보면 [우리가 원하는 것은 타자(他者)인가 타자(他者)를 통한 즐거움인가]라는 질문의 답도 확실치 않다. 그러므로 자신이 타자에게 소중히 기억되기를 원한다면 그와 즐거운 기억들을 많이 만들어 놓아야 한다. 물론 앞으로도 같이 만들어 갈 것이라는 생각이 들도록 함과 동시에. 확실한 것은 그가 아무리 강자 또는 약자라 하더라도 타자(他者)는 그것과 무관하게 자신을 감성적으로 즐겁게 해 주는 자를 그리워한다는 것이다. 보통 [거짓 강자]는 타자(他者)를 감성적으로 즐겁게 해 주기 어렵다.

어느 한가로운 오후의 사유

47. 호기심

사람들이 소설에 열중하는 것은 인간이 가진 호기심 때문이다. 그러므로 소설작가들은 페이지를 넘기기 직전마다 호기심을 자극하도록 책을 쓴다면 독자들이 책을 다 읽기 전에 책에서 눈을 떼지 못하게도 할 수 있을 것 같다. 하지만 그와 같은 능력을 가진 작가는 별로 없는 것 같다. 작가들은 그렇게 생각하지 않을 수도 있지만, 현대 소설의 판매 부수는 인간 호기심의 자극 정도에 따라 결정된다. 책 전체를 통해 인간의 가치 발견과 삶의 진실성을 나타내고자 하는 의도를 가지면 독자로부터 외면당한다. 이는 독자의 책임이 아니라 작가의 책임이다. 이는 사람의 감성적 호기심과 거리가 멀기 때문이다. 하지만 완벽한 조화로서 양자택일의 강제성을 벗어난 위대한 책을 우리는 끝까지 기다릴 것이다. 그와 같은 사람과 함께.

인간의 기본적 욕구 중 하나는 [알고 싶은 욕망]이다. 그것은 그 지식에 의해 [좀 더 안전한 미래]를 확보할 수 있을 것이라는 본능적 행동이다. 그런데 이 본능과 또 다른 알고 싶은 욕망이 존재하는데 그것은 [새로운 세계로의 탐험심]이다. 이는 안전한 미래와 상관없이 우리를 자극한다. 그것은 안전한 미래가 아닌 [위험하고 새로운 미래]이다. 좀 시간을 두고 보면 안전한 미래라고 볼 수도 있다. 보통 강자는 전자를, 약자는 후자를 선택하기 마련이다. 그러므로 독자층을 두껍게 가져가려면, 작가들은 두 가지 호기심을 적절히 섞는 것이 좋다.

어느 한가로운 오후의 사유

48. 호의

사람들이 자신을 좋아할 때 자신의 모든 것을 좋아한다고 생각해서는 안 된다. 사람들이 자신을 좋아하는 것은 자신의 극히 일부분 뿐이다. 이것을 알고 그 이상 욕심내지 않는 것이 좋다. 그 반대도 내가 누군가를 좋아하는 것도 마찬가지. 다시 말하지만, 그 이상 기대하지 말 일이다.

111

어느 한가로운 오후의 사유

〜 보통 마음이 상하는 것은 자신과 호의를 나눈 사람들과의 관계에서이다. 그렇지 않은 사람들의 문제에 대해서는 냉소와 조소로 웃어 넘긴다. 호의를 나눈 사람들은 서로 오해를 하는데 그것은 타자(他者)가 자신의 많은 부분에서 호의를 느꼈을 것이라고 착각하는 것이다. 운이 나쁜 어느 날, 우리가 좋지 않은 모습만을 보이게 되면 위태로운 호의는 사라질 것이다. 우리는 그의 불호의(不好意)에 대한 이유를 알지 못하고 당황하게 된다. 오랫동안 타자(他者)와 호의를 유지하려면 타자가 무엇에 호의를 느끼는지에 대한 주의 깊은 관찰과 그에 상응하는 행동을 보여 주어야 한다. 사람들과 좋은 관계를 유지하는 것은 어려운 일이다. 좋았던 관계가 오래가지 않는 이유는 자신이나 그가 서로 호의를 가진 부분이 상대적으로 적기 때문이다.

112

어느 한가로운 오후의 사유

49. 친구

사람들이 자신 이외의 者로부터 자랑스러움을 느끼는 것은 그 자(者)가 자신을 대신 나타내준다고 생각하기 때문이다. 만일, 그렇지 않으면 감정은 복잡해진다. 이로써, 친구는 어렵지 않게 선별된다. 친구는 자신의 공통된 감정과 목표와 마음을 과거에 가지고 있었던 자이다. 현재는 그렇게 중요하지 않다. 친구로부터 자신을 본다. 만일 그렇지 않다면, 일단 그가 친구인지 다시 한 번 생각해 볼 일이다. 나의 오랜 친구, 그들은 나를 통해 그들을 나타낸다. 나 또한 그들에게서 나를 본다. 그들은 내 친구가 되려 하지 않아도 나는 기꺼이 그들의 친구가 된다. 자신의 길을 자신 있게 걷다 보면 그리고 시간이 지나면, 내가 누군가의 친구가 되 주지 않아도 나를 기꺼이 친구로 생각하는 사람들이 분명 있을 것이다.

113

〜 친구의 판단 기준은 그가 [강자이거나 약자이거나 상관없음]이다.
이것에 위배 된다면 일단 그는 친구라기보다는 거래자이다. 우리는
원시 시대부터 친구를 통해 자신의 안전을 지켜 왔다. 자신이 마음
대로 할 수 있는 약자나 자신을 지켜 줄 것 같은 힘 있는 강자는 모
두 우리를 배반해 왔다. [약자나 강자]를 초월한 자 _{친구} 만이 우리를
지켜 줄 것이다.

어느 한가로운 오후의 사유

50. 시인들의 무덤

비(雨)가 올 때 조금 우울하다면, 아마도 어떤 심리적 요인이 있을 것이다. 비 오는 날 즐거운 추억을 가진 者는 비(雨)를 절대로 눈물과 비교하지 않는다. 인간 감성의 철학적 _{또는 심리학적} 요인은 많은 부분에서 감성적 요인을 압도하기도 한다. 그러므로 예술가는 철학을 반드시 공부해야 한다. 그곳에 들어가기 위해서가 아니라, 그곳에 들어가지 않기 위해. 마음의 현상학적 _{철학적} 세계는 더 이상 아름다움을 찾기 힘든 시인들의 도피처이다. 그러나 그곳은 그들의 무덤이다. 그들이 철학의 거칠고 바람 부는 황량한 곳에서 더 이상 머물지 말기를 바랄 뿐이다.

어느 한가로운 오후의 사유

삶은 감성의 정원 분류

각자 살기 편한 곳에서 사는 것이 좋다. 그렇지 않으면 약자의 운명을 벗어나기 어렵다. 따뜻한 지역에서 사는 식물의 씨가 추운 지방에서 싹이 트면 그 나무는 날씨에 적응하는데 많은 시간이 필요하다. 그러므로 자신을 [진정한 강자]로 만들려고 한다면 자신의 감성적 기질을 파악하는 것이 우선이다. 자신에게 따뜻한 지역이 어울리면 가능한 그곳에 머무르는 것이 좋다. 하지만 이미 싹 터버려 이동할 수 없을 때에는 힘들지만, 잠시 동안 필사적으로 삶에 투쟁해야한다. 일단 생존에 성공하면 해가 갈수록 더욱 강해질 수도 있다.

어느 한가로운 오후의 사유

51. 감성적 설득법

인간 일반은 타인의 긍정을 통해 자신의 생각을 정당화하기도 하지만, 타인의 부정을 반(反)하기 위하여 자신의 생각을 더욱 고집스럽게 정당화하려는 경우도 많다. 그러므로 한 사람의 생각이 잘못됐다고 생각되었을 때 그 사람을 설득하기 위해서 그 사람의 생각에 대하여 반론을 이야기하는 것 보다, 긍정도 부정도 하지 않는 것이 좀 더 유익하다. 그러면 그는 자신의 생각을 정당화하는 방법 타인의 긍정 또는 부정 을 찾지 못해, 오래지 않아 자신의 생각을 바꾸는 경우가 많다.

어느 한가로운 오후의 사유

타자(他者)의 부정은 자신을 자극한다. 아무렇지도 않았던 사실이 왜곡되고 크게 다가온다. 이는 우리 각자 모두 자신의 내면 정신적 능력은 누구보다도 뛰어날 것이라는 막연한 자긍심 때문이다. 실제로는 물론 뛰어날 수도 있지만 기대 이하일 수도 있다. 그런데 이 착각은 매우 심각해서 우리 역사상 위대한 지성, 철학자들의 이야기조차 조소한다. 이렇게 자신이 타자(他者)의 말을 부정하고 무시하는 습관이 있다면, 자신은 오래지 않아 회복하기 어려운 약자의 위치에 서 있을 것이다. 자신을 향상 시킬 수 있는 기회를 가지지 못하기 때문이다.

어느 한가로운 오후의 사유

52. 변명

내일의 추억을 위해 오늘은 준비하는 자는 훌륭한 과거를 가지 겠지만, 오늘은 항상 보잘것없다. 그러므로 훌륭한 과거를 가진 자(者) 는 대부분 현재가 부족했던 자(者)인 경우가 많다. 물론 과거, 현재, 미래 가 모두 부족한 자(者)보다는 낫겠지만. 우리 대부분 인간은 내일을 위 해 오늘을 희생했음에도 불구하고, 자신은 항상 현재에 최선을 다했다 고 생각하고 싶어한다. 누군가가 [현재에 최선을 다하라.]는 말을 했고, 이 말이 사람들에게 꽤 그럴듯해 보였던 것 같다. 그러므로 자신이 [내일 의 추억(과거)을 위해 오늘을 살아가는지], [오늘의 감성(현재)을 위해 오 늘을 살아가는지] 생각해 볼 필요가 있다. 갑자기 변하기는 어렵겠지만 자신의 삶을 조금씩 후자로 변화시키는 것이 자꾸 변명하는 것보다 현명 한 일이다.

119

어느 한가로운 오후의 사유

~ [현재에 최선을 다하는 것]의 의미가 현재를 즐기라는 것인지 미래를 위해 현재를 희생하라는 것인지 누구도 가르쳐 주지 않는다. 그들도 모르기 때문이다. 보통 [현재를 즐기면 미래가 없고 미래를 준비하면 현재가 보잘것없다.]라고 생각한다. 그러나 이것은 음모이다. 시간이 조금 걸리더라도 이 음모자들을 추방하는 것이 우리 철학자들의 목표 중 하나이다. 그리고 그것이 우리를 약자의 관념으로부터 벗어나게 해 줄 것이다. 현재를 즐기면서 미래도 가지는 것을 독점하고 싶은 자들을 우리 삶과 세계로부터 추방해야 한다.

어느 한가로운 오후의 사유

53. 시기심

사람은 타인으로부터 이상적 모습을 보고, 질투나 시기의 감정을 느끼는 것이 아니라, 그것을 즐기거나 드물지만 존경을 표현하기도 한다. 물론, 이것은 자신이 절대로 이룰 수 없다고 생각되는 경우에만 해당된다. 하지만 우리는 자신이 노력하면 성취할 수 있다고 생각되는 것에 대하여는 즉시 질투나 시기심이 드러난다. 그런데 사람들은 아주 많은 것에 대하여 자신이 성취할 수 있다고 생각하는 것 같다.

시기나 질투는 상대적 거짓 강자들의 오래된 개인적 습관이다. 즉, 이는 자신의 것일 수도 있는 것이 타인의 손에 들어갔을 때의 아쉬움에 대한 표현이다. 상대적 약자들은 그들의 비이상적 소유욕을 주의하는 것이 좋다. 약자들이 좀 더 안전하게 강자가 되기 위해서는 취향에 맞지는 않겠지만 어느 정도 은둔의 시간이 필요한 이유이다. 일단 [진정한 강자]로 인식되면 시기와 질투의 대상이 될 위험성은 많이 줄어든다.

어느 한가로운 오후의 사유

54. 우아함

　우리 인간은 이상적인 모습을 기억해두었다가 자신도 동일하게 행동하고 싶어한다. 물론 아주 자연스러운 자신의 모습인 것으로 가장해야 하지만. 그 모습은 순수하고 천진스런 웃음을 자아내게 한다. 우아하고 세련되기 위해서는 기억력이 가장 중요한 요소이다. 모방이 아닌 자신만의 모습과 태도를 보이면 보통 그 모습이 독특해 어색해 보인다. 이런 사람들을 만나는 것은 자신의 삶에 있어 큰 행운이다. 세상 전체가 모방을 강요하니 그 억압을 벗어나기는 쉽지 않다.

123

어느 한가로운 오후의 사유

✍ 우아함을 알아보는 사람이 거의 없기 때문에 이제 우아하게 되는 것은 생각보다 쉬워졌다. 우아하게 보이는 자들을 흉내 내면 되기 때문이다. 그들은 좀 싫어하겠지만 우아함을 모방하는 자를 구분하는 방법은 어렵지 않다. 모방자들은 어디서 본 듯한 표정, 어디서 들은 듯한 말투, 어디서 맡은 듯한 냄새 그리고 어디서 들은 듯한 감동적인 이야기를 들려준다. 이들은 모방 말고는 우아하게 되는 방법을 알지 못하기 때문이다. 실제로 우아한 자는 항상 독특하고 처음 보는 듯한 모습을 보인다. 이것만 알면, 누구나 쉽게 구분 가능하다.

어느 한가로운 오후의 사유

55. 휴식의 유용성

휴식이 주는 최대의 효과는 인간의 감성을 부드럽게 한다는 것이다. 공격적인 자들은 대부분 잠이 부족한 자들이다. 육체적 질병이 휴식을 통해 치유되듯, 대부분의 정신적 질병 또한 휴식을 통해 치유된다. 물론, 진정한 휴식은 육체적 휴식보다는 편안한 마음으로부터 오는 마음의 휴식이다. 그러므로 인간 일반은 모든 걱정, 근심을 잊고 편안해지는 자신만의 방법을 하나쯤 가지는 것이 육체의 치유약과 같이 중요하다. 그 방법은 스스로 찾아야 한다. 이 페이지를 넘기기 전에.

어느 한가로운 오후의 사유

126

〰 [마음 휴식]의 방법은 개인적 취향에 따라 달라진다. 영화를 보거나 책을 읽거나 친구를 만나거나 한가로운 산책을 하거나. 마음 휴식은 결국 불안 긴장에 의한 정신적 압박을 해소하는 것이다. 그러나 불안적 요소가 남아 있는 채, 의도적 회피에 의해 불안이 해소될 것인지는 의문이다. 결국, 마음 휴식은 불안을 완화시키는 것이 핵심이다. 두려움의 극복, 지옥을 눈앞에서 보고도 두려워하지 않는 평정심. 우리는 불안을 완화시키는 방법을 찾는다. 약한 동물은 떼를 이룸으로써 맹수의 공격으로부터 조금은 안심한다. 우리는 그럴 수는 없지 않은가. 그래도 우리를 이끌었던 위대한 철학자들에게 굳이 공통된 방법을 말하라고 요구한다면, 그들은 거의 공통적으로 [우리가 구(求)하는 것을 조금 줄이거나 늦추는 삶의 계획을 휴식하면서 다시 세우라.]고 이야기할 것이다.

56. 정신적 사기꾼

누군가에 의해 한 사람에 대한 호의(好意)가 당분간 지속되면 그 사람은 그 누군가에게 호의(好意)의 감정을 갖지 않을 수 없다. 이것을 가장 잘 이용하는 자들이 사기꾼들이다. 그러므로 예부터 현명한 자들은 자신의 길에 동행시키기 전에 그들을 시험해본 것 같다. 그러나 유능한 사기꾼에게 그 시험은 큰 문제가 되지 않는다. 그러므로 이들을 판별하는 방법을 알아둘 필요가 있는데 그것은 그들은 자신들이 자연스럽게 보이기 위해 반드시 상식에 맞는 행동만을 한다는 것이다. 우리가 더욱 주의해야 할 사기꾼은 정신적 사기꾼들이다. 문제는 명망(名望) 있는 자들도 자신이 거짓말을 하고 있다는 사실조차 모르고 타자(他者)에게 [거짓 진리]의 말을 하고 있는 경우가 적지 않음이다. 이를 바로 잡지 않으면 오래지 않아 사람들은 [참과 거짓의 미로] 속으로 빠져들어 헤어 나오지 못할 것이다.

↶ 사기꾼은 타자(他者)를 기만하여 자신의 이익을 취하는 자를 말한다. 정도의 차이는 있겠지만, 우리 중 사기꾼이 아닌 자가 있겠는가. 자신의 소박한 의식주를 해결하기 위한 것 이외의 것을 얻어 부(富)를 축적하고 있다면 그들은 모두 사기꾼이다. 더 이익을 낮추어 타자에게 돌아가야 하는 이익을 늘렸어야 하기 때문이다. 그러나 사기꾼들이 많은 것은 그들만의 탓이라기보다는 분배를 제대로 하지 못하는 정의롭지 못한 비정상적 자본주의 국가 탓인 경우가 더 많다.

57. 변화에 대한 오류

인간은 자신의 변화만큼만 다른 인간도 변화했을 것으로 판단한다. 하지만 이 생각은 이솝 우화를 읽을 시절에 이미 깨우쳐야 하는 오류이다. 이 오류가 인간에 대한 많은 오해를 불러일으킨다. 어느 순간 우리는 존경할 만한 자가 되어 있을 수도 있지만, 경멸의 대상이 되어 있을 수도 있다.

어느 한가로운 오후의 사유

130

∼ 한 번 자신이 최고인 것을 경험한 자는 언제나 자신이 최고인 듯한 착각에 빠지기 쉽다. 그러므로 특히 어린 학창 시절 뛰어난 성적을 보였던 자들은 이에 대한 극복이 쉽지 않다. 그들은 보통 타자(他者)를 존중하지 않으며 이로써 우리 삶 대부분의 문제를 일으키는 [골칫덩어리]가 되기 쉽다. 이와 같은 [골칫덩어리]를 만들지 않기 위해서는 서열을 매기는 교육을 폐기해야 한다. 이와 함께 권력은 분배되어야 하고 최대한 다수에 의해 순환되어야 한다. 권력이 그 의미를 잃도록. 약자와 강자의 구분이 없도록.

어느 한가로운 오후의 사유

58. 거절당한 자들의 이기심

사람들은 모두, 다른 사람들이 자신을 위해 조금은 희생을 해도 괜찮을 거라고 생각하는 경우가 많다. 왜냐하면, 자신도 조금은 다른 사람을 위하여 희생을 감수한다고 생각하기 때문이다. 그런데 일반적으로 자신이 희생하는 부분보다 희생을 요구하는 부분이 큰 것이 문제이다. 물론 보통, 본인은 그 반대로 생각하지만. 사람들은 희생을 요구한 것이 거절당하게 되면 거절한 자를 굉장한 이기주의자로 생각한다. 하지만 거절당할 정도의 희생을 요구한 자야말로 심각한 이기주의인 경우가 훨씬 더 많다.

〜 인간의 이기심은 끝이 없다. [자신의 부탁을 어떻게 거절하는가]라고 하면서 마음속으로 화를 낸다. 자신이 베푼 것을 기억해 내면서. 그런데 문제는 상대방은 베풂을 받았다고 생각하지 않는다는 것이다. 보통, 우리는 호의를 베풀었다고 생각할지도 모르지만, 그들은 자신이 요구하지 않았던 호의에 대해서 그렇게 고마워해야 할 이유가 없다고 생각한다. 자신이 그만한 가치가 있어 자신과의 관계를 위해 그들이 자의적으로 해 준 것으로 밖에는 생각하지 않기 때문이다. 타자(他者)에게 호의를 베풀 때는 자신이 좋아하고 자신에게 중요한 것이 아니라 타자(他者)가 중요하다고 생각하는 것을 해 주어야 한다. 그렇다 하더라도 그들에게 감사를 받기는 쉽지 않다. 물론, 자신이 [진정한 강자] 매우 드문 경우지만 라면, 베풂에 대하여 아무것도 바라지 않는 것이 가장 마음 편하고 최선이다.

59. 미소

우리가 진정으로 즐거운 것은 소리 내어 웃을 때보다 소리 없이 미소 지을 때인 경우가 많다. 소리 내어 웃은 경우는 다른 사람들에 의한 경우가 많고, 자신으로부터 즐거움을 느낄 때는 웃음에 소리가 나지 않는다. 웃을 때 소리가 나면 그 소리가 끝나는 순간 즐거움도 사라진다. 그러므로 소리 내어 웃게 해주는 친구들보다 미소 짓게 하는 친구들이 훨씬 더 소중하다. 자신도 타자(他者)에게 미소 짓게 하는 친구가 되는 것이 좋다.

어느 한가로운 오후의 사유

삶을 위한 감성의 노트

∿ 소리 내어 웃는 것은 건강과 사람들과의 관계에 좋다. 미소는 자신과의 관계에 좋다. 미소는 자신을 고양시키고 삶에 대한 자신감을 회복시킨다. 우리는 정말로 원하는 것을 얻었을 때 조용히 자신에게 미소를 보낸다. 이는 자신의 수고에 대한 고마움의 표시이다. 그러므로 의도적으로 가끔 자신에게 미소를 보내는 것은 의미 있는 행동이다. 이는 내가 또 다른 존재 [나]를 만나는 통로이기도 하다. 슬픔을 견디고 있는 나에게도 동일하게 적용된다.

어느 한가로운 오후의 사유

60. 감성적 오류

별들이 그 밝기가 다른 것은 별 자체의 밝기와 그 거리 때문이다. 그러나 시력이 좋지 않은 자는 작고 희미한 별들은 보이지 않고 밝은 별만 보인다고 할 것이다. 그에게는 아무리 다른 별들과 새로운 공간에 대하여 설명해도 소용이 없다. 지혜로운 자라면 더 이상 말하지 않거나 안경을 선물하는 것이 좋을 것이다. 타자(他者)의 감성적 오류를 설득하지 못하는 것은 자신의 주장이 틀렸거나 그것을 잘 전달하여 이해시킬 능력이 부족하기 때문이다. 어떠한 경우든 자신의 잘못이며 능력 부족이다. 다른 사람 탓할 것 없다. 잊지 말 일이다.

어느 한가로운 오후의 사유

∿ 타자(他者)를 탓하는 자들은 보통 능력이 부족한 자들이다. [거짓 강재]와 [정치가]는 보통 타자(他者)를 탓한다. 감성적 오류에 빠져 있는 자들은 그들 나름대로 이유를 가지고 있다. 그것을 이해시킬 수 없으면 그들이나 그들의 오류를 지적하는 자나 별로 다를 바 없다. [어떠한 경우에도] 그리고 [그럼에도 불구하고] 타자(他者)를 설득시키고 이해시키는 자만이 [약자 그리고 강재]의 경계를 벗어날 수 있다.

어느 한가로운 오후의 사유

61. 숭고함

위대한 자들은 역경을 극복하고 그 속에서 밝게 빛난다. 하지만 우리들은 이것을 아이들의 교육용으로만 사용할 뿐, 사실, 자신은 마음 속으로 그들의 행운을 부러워한다. 자신의 실패가 어쩔 수 없는 상황이 었다고 생각하지 않으면 쉽게 잠들 수 없기 때문이다. 하지만 쓸모없는 자들이 위대한 것처럼 오해되고 있는 것도 이와 같은 [사람들의 위대함 에 대한 혼란과 오류]의 주요 원인이기는 하다.

137

어느 한가로운 오후의 사유

어느 한가로운 오후의 사유

↝ 타자(他者)를 존중하지 못하는 것은 사회 정신병적 증상이다. 존경할 만하다고 생각하는 사람들이 우리를 계속 실망시키기 때문이다. 우리가 목표로 하는 삶을 살고 있는 자들 대부분이 [거짓 강자]였고 앞으로도 크게 좋아질 것 같지 않다. 그래도 가끔은 숭고한 자들이 우리를 기쁘게 하기도 한다. 그들은 [강자]도 [약자]도 아닌 [숭고한 자]이다. 그러나 [숭고한 자]는 강자와 약자 모두에게 저격당할 수 있어 보통 숨어 지낸다. 자신이 숭고함을 가지고 있다면 조심해야 한다.

62. 착각

　　사람들이 누군가를 비방함으로써 얻는 최대의 이점은 자신은 절대로 그 비방의 대상이 아니라는 것을 여러 사람으로부터 인정받는 것이다. 이 쾌감은 의외로 커서 사람들은 비방거리를 찾는 데 매우 열심이다. 그러나 유감스럽게도 이야기를 듣는 상대방이 자신을 그 비방의 대상으로 생각하지 않을 것으로 생각하는 것은 어리석고 위험한 착각이다.

어느 한가로운 오후의 사유

〜 다수의 사람들이 자신의 의견과 비슷한 목소리를 낸다고 해서 그들이 모두 자기편이라고 생각해서는 안 된다. 머릿속으로는 모두 다른 생각을 하고 있기 때문이다. 다수는 항상 강자의 위치에 있으므로 그 강자에 맞추는 것일 뿐이다. 다수가 흩어지고 나면 그들 다수 의견은 고려(考慮)의 대상이 아니다. 이는 다수의 경우뿐 아니라 단둘의 경우도 크게 다를 바 없다. 특히 타자(他者)를 비방할 때 잊지 말 일이다. 그들에 의해 곧 자신이 비방의 대상이 될 것이다.

어느 한가로운 오후의 사유

63. 걱정

인간 감성의 중요한 오류 중 하나는 기쁨의 반대는 슬픔이고 사랑의 반대는 미움이라고 생각하는 반대 감정의 개념이다. 이는 대립 감정과 혼동 되어서는 안 된다. 사랑과 미움의 두 대립 감정은 서로 그들끼리 대립될 뿐 그 원점은 동일하다. 반대 감정이란 자신의 존재 너머를 의미한다. 이는 [반의지]의 세계로 정의하고 통합사유철학강의, 2014년 출간 예정 사유해야 한다. 모든 감정의 반대 개념은 없다. 단지 무감정의 원점만이 존재할 뿐이다. 모든 감정은 독립적이다.

141

상의 감성적 분류

어쩌라고 감성의 문법

우리의 감성은 보통 섞여 있다. 기쁨과 슬픔, 사랑과 미움이 섞여 사람마다 독특한 감성 지도를 창조한다. 완전한 기쁨, 완전한 사랑은 인간의 영역이 아니다. 특히 시간을 고려한다면. 괜한 기대는 하지 않는 것이 좋다. 우리 인간의 경우, 기쁨과 사랑 속에서도 불안의 요소는 항상 존재한다. 그러나 걱정 없다. 기쁨과 사랑이 죽음의 순간까지 우리와 함께할 것이다. 우리가 원하기만 한다면. 그러나 기이하게도, 우리가 원하지 않는다는 것이 문제이다.

어느 한가로운 오후의 사유

64. 무관심

누군가가 열심히 자기의 생각을 이야기할 때의 모습을 보면 굉장히 자신의 생각에 대해 자랑스럽게 생각하는 것 같다. 그런데 거의 대부분의 경우, 그 말을 듣는 사람의 태도는 의외로 무관심한 경우가 많다. 이 모습을 우연이 옆에서 보면 누구나 웃음이 날 것이다. 그러므로 너무 열심히 자신의 생각을 이야기할 필요는 없다. 자신이 열심일수록, 일반적으로 물론 그렇지 않은 경우도 있지만 상대방의 무관심 강도는 커진다. 이는 사람 사이의 관계에서도 크게 다르지 않다.

우리는 과연 타자(他者)에게 관심이 있는 것인가. 우리에게 특별한 어떤 사람 몇몇을 제외하고 타자에게 관심을 가지는 일은 거의 없는 것 같다. 왜냐하면, 나에게 미치는 영향이 별로 없기 때문이다. 그러므로 누군가의 관심을 받고 싶으면 오랫동안 숙고하여 그가 원하는 것을 줄 수 있는 준비를 하는 것이 그의 관심을 끌 수 있는 유일한 방법이다. 사람이 원하는 것은 매우 다양하기 때문에 기회는 충분히 있다. 너무 서두를 필요 없다.

어느 한가로운 오후의 사유

65. 젊음이 잘 할 수 없는 것들

나이가 들수록 아름다울 수 있는 유일한 방법은 아름다운 것의 본질을 알아내어 그에 따라 행동하는 것이다. 이를 위해서는 아름다움에 대하여 깊이 사유하는 것이 필요하다. 그런데 나이가 들면서 사람들은 아름다움이 자신과 잘 어울리지 않는다고 생각하고, 그것을 자신으로부터 추방시킨다. 진정으로 아름다운 자는 아름다운 것을 타자(他者)에게 나누어 주는 자이다. 젊은 사람들은 쉽게 아름다움을 나누어주지 못하는데 그것은 아름다움이 무엇인지 아는 데 많은 시간이 걸리기 때문이다. 젊은 시절, 가장 우선해서 해야 할 것은 아름다운 선인(先人)들로부터 그들의 [업적]이 아니라 그들의 [아름다움]을 배우는 것이다.

어느 한가로운 오후의 사유

↜ 우리 삶의 중요한 오류 몇 가지 중 하나가 [인간 아름다움의 기준 나이]이다. 이제 우리는 그 기준을 청년으로부터 우리의 모든 순간 으로 바꾼다. 노년이 무엇이 문제인가. 얼굴에 주름이 있는가. 머리 가 희게 바뀌었는가. 안색의 어두운가. 병으로 약해졌는가. 세월을 머금은 거목과 같이, 주름 가득한 모습을 우리의 아름다움으로 바 꾸지 않겠는가. 이를 위해서는 계절을 많이 겪은 나이테가 꽤 있는 사람 들 스스로 자신을 아름답게 가꾸어야 한다. 20대의 젊은 자들도 자 신을 꾸미는 데 열중일 때 비로소 아름답다. 아름다움은 가꾸는 자 의 것이다.

66. 우정

사람들의 만족은 대부분 자기 최면인 경우가 많다. 그러나 이 최면이 깨지는 데는 그렇게 오랜 시간이 걸리지 않는다. 이것은 사람들 사이의 관계에도 동일하게 적용되어 그들과의 관계에 악영향을 미친다. 하지만 우리는 바로 이때를 놓쳐서는 안 된다. 왜냐하면, 최면이 깨진 상태에서의 타인에 대한 이해야말로 그들과 영원한 친밀감을 부여하기 때문이다. 사람은 의외로 까다로워서 신들조차 그들을 완벽하게 만족시킬 수 없다. 하지만 편안함을 준다면 이야기가 다르다.

어느 한가로운 오후의 사유

148

↝ 타자(他者)에 대한 호의가 지속되는 시간은 의외로 짧다. 우리 모두 단점들을 가지고 있기 때문이다. 처음에 이 단점들이 드러나지 않는 이유는 다분히 의도적 은폐에 의한 경우가 많다. 그러나 조금만 같이 지내는 시간이 길어지면 은폐는 불가능해진다. 자신을 은폐해서 얻는 이익이 점차 줄어들기 때문이다. 이렇게 상대에게서 얻을 이익이 별로 없는 상태가 되어야 비로소 인간관계의 시작이다. 이때부터는 이익이 배제된 존재의 가치만이 서로를 유지시킨다. 이때는 이익의 흐름으로부터 발생되는 약자와 강자의 관계도 무관하다. 이때 발견되는 매력만이 타자(他者)의 마음 속에서 오랫동안 지속될 수 있다.

어느 한가로운 오후의 사유

67. 변심

인간의 감성은 아침과 저녁이 다르다. 이것은 절대로 잊어서는 안 되는 중요 사실이다. 그리고 오랫동안 깊이 사유해야 알 수 있는 사실이다. 감성을 너무 믿지 않는 것이 좋지만, 그 믿을 수 없는 변덕스러움이 우리 삶을 아름답게 한다.

어느 한가로운 오후의 사유

우리의 변덕스러움은 당연한 결과이다. 우리는 매일 변화하고 성장한다. 만일 변덕스럽지 않다면 흐르는 계곡 물과 같은 깨끗한 상태를 유지하지 못할 것이다. 그러므로 우리는 상대의 변덕스러움에 대응하여야 하고 이를 위해서 그만큼 우리도 변해야 한다. 변화가 우리에게 영향을 미치는 요소가 개인마다 조금 차이가 있을 수 있지만 그것은 그렇게 중요하지 않다. 물론 비정상적 개인적 취향에 따른 독선적 변화를 보이는 자들과는 중요한 일을 같이해서는 안 된다. 보통 강자가 약자보다 좀 더 변덕스럽다고 생각하는데 이것은 오해이다. 둘은 비슷하다. 아니, 같다.

어느 한가로운 오후의 사유

68. 역설

사람들은 상대방에게 어떤 사람을 의도적으로 칭찬할 때 상대방을 무시하려는 의도를 가질 때가 있다. 이런 의도가 엿보이면 같이 칭찬하기도 비난하기도 어렵다. 이때, 현명한 자는 그 의도를 가진 자의 눈을 보고 웃으면 된다. 이로써, 의도가 간파되었음을 알리는 것이다. 보통 이 의도가 간파되면 즉시 칭찬을 멈춘다. 의도를 가지고 갑작스러운 태도 변화를 보이는 자들과는 가깝게 지내지 않는 것이 좋다.

∿ 변덕스럽지 않은 항상 같은 모습과 태도를 보이는 자가 주위에 있다면 그를 놓치지 않는 것이 좋다. [변화에 대하여 긴장하지 않아도 됨]만으로도 마음이 편안해지기 때문이다. 그와의 한나절 여행은 무엇보다도 소중한 일이다. 일반적으로 강자라고 생각되는 자로부터는 [일관성]은 잘 발견되지 않는다. 우리가 이와 같은 편안한 자가 되기 위해서는 항상 타자(他者)에 대한 배려를 잊지 않도록 해야 한다. 이와 같은 자들은 보통 약자로 보인다.

어느 한가로운 오후의 사유

69. 함께 휴식할 수 있는 자

삶의 목적에 휴식이 포함될 만큼 휴식은 중요하다. 그러나 무엇이 휴식인지 아는 사람은 많지 않다. 육체적 피로는 수면을 통해 많은 부분 해소되지만, 정신적 피폐(疲弊)함은 쉽게 해소되지 않는다. 이를 위해서는 자신을 끊임없이 괴롭히는 번뇌와 집착을 놓아야 하고, 자신의 존재를 차분히 그리고 평화롭게 바라보아야(觀照) 한다. 이때, 함께 휴식할 수 있는 자(者)를 만나는 것은 굉장한 행운이다. 그런 사람을 만나면 자신의 모든 것을 쏟아 부을 것. 하지만 그 감정은 사랑과는 거리가 멀다. 오해 말 것. 사랑은 타인과 공유되지 않는 욕망을 근원으로 한다. 사랑은 우리 인간 일반을 절대로 휴식하게 할 수 없다. 사랑하는 사람과 있을 때 편안함을 느낀다고 하는 말은 그 본질을 알지 못하는 자들의 궤변(詭辯)이고 허위(虛僞)이다. 편안함은 사랑받는 것에서부터 전제될 뿐. 사랑받음이 무너지면 모든 편안함도 함께 무너진다. 사랑에 너무 기대하지 않는 것이 좋다.

153

154

ᴎ 사랑하는 자가 마음까지 편하게 해 줄 것이라는 기대는 하지 않는
것이 좋다. 그 기대 때문에 사랑을 잃을 수도 있다. 처음 사랑을 시
작할 때는 절대로 그런 기대는 하지 않았을 것이다. 사랑이 식는 이
유는 우리의 기억력이 나쁜 것도 큰 이유이다.

70. 모방

우리의 삶 속에서 항상 경쾌함과 즐거움을 주는 자들이 드물게 눈에 띈다. 우리는 이들을 보는 것만으로도 무엇인가 힘을 얻는 듯하다. 그러나 이들은 그것을 의도한 것은 아니지만 항상 경쾌함과 즐거움을 주기 위하여 끊임없는 고통의 순간들을 극복하고 있다는 것을 잊어서는 안 된다. 이들을 단지 흉내 내는 자들로부터는 기분 나쁜 음울함만 느껴질 뿐이다. 함부로 흉내 내어서는 안 된다. 음울함은 어느 경우에는 잘 드러나지는 않는다. 흉내 내는 자의 판별은 자신의 몫이다.

∿ 흉내 내는 자로부터는 아무것도 매력적인 것이 발견되지 않는다. 원래 자신의 것이 아니었기 때문에 자신의 몸에 맞지 않기 때문이다. 아무리 세련된 디자인과 색상의 옷이라 하더라도 몸에 맞지 않아 크거나 작으면 매력적이지 않은 것과 같은 이치이다. 그러므로 조금 디자인과 색상이 떨어지더라도 모방하지 않은 자신의 몸에 맞는 행동과 태도를 가져야 한다. 좀 더 좋은 디자인과 색상의 옷은 몸에 맞춘 후 나중에 입으면 된다.

어느 한가로운 오후의 사유

71. 고립

누구에게나 다정스럽게 느껴지기를 원하지 않는 것이 좋다. 동일한 미소를 띠는데도 어떤 사람들은 비웃는 것으로 생각하기 때문이다. 서로 잘 맞지 않는 사람들로부터는 가능한 한, 멀리 떨어지는 것이 서로를 위해 유익하다. 그들도 그들 나름대로 부류가 있을 것이기 때문에 그들의 고립을 걱정할 필요는 물론 없다. 그러므로 한 사람이 자신과 맞지 않는다고 생각되면 그 사람의 친구들과도 이야기를 시작하지 않는 것이 좋다. 그러나 이와 같이 자신과 다른 사람의 부류가 있다는 것이 오히려 우리 인간 일반에게 서로 큰 만족감을 주는 것은 사실이다. 그리고 한 가지 더 이야기하면, 실제 어떤 부류의 인간이 더 훌륭한 지는 아직 알 수 없다.

어느 한가로운 오후의 사유

삶의 감성적 분석

보통 자신은 옳고 상대방은 그르다고 생각하는 것이 당연하다. 그런데 아주 많은 경우 아니 대부분의 경우 실제로는 그 확률은 반반이다. 다툼이 있을 때 자신이 옳다고 확신하는 오류는 범하지 않는 것이 좋다. 고립감은 다수의 자가 자신과 다르다고 생각될 때 느끼는 감정이다. 그런데 이때는 둘 사이의 다툼과 달리 보통 다수가 옳다고 생각한다. 그래서 의기소침해진다. 그러나 이 경우도 둘 사이 다툼의 경우와 같이 그 다수가 옳다고 생각할 필요는 없다. 현대 사회에서는 어리석음, 군중 심리 그리고 금전적 목적을 위하여 다수의 생각은 얼마든지 조작 가능하기 때문이다. 정신 바짝 차리지 않으면 욕심 많은 자들 때문에 자신을 고립된 약자로 생각할 수도 있다.

어느 한가로운 오후의 사유

72. 정다움

사람들이 있는 곳은 항상 정다움이 있다. 삶이 혼란스러워도 정다움은 우리를 항상 즐겁게 한다. 삶을 불평하는 자들은 대부분 그 불평의 원인을 해결하려는 데 나태한 자들이 많기 때문에, 우리는 그 불평을 그대로 받아들여서는 안 된다. 삶은 몇 가지 예외를 제외하면 불평을 받을 만큼 그렇게 불공정하지 않다.

어느 한가로운 오후의 사유

ᚾ 강자들은 [삶은 공평하다.] 생각하고 약자들은 그렇지 않다고 생각
하기 쉽다. 하지만 이는 어떤 일부분의 경우에서만이다. 정다움, 따
뜻함, 즐거움, 평온함, 자유로움, 두근거림, 호기심, 그리움, 이 모든
감성에 있어서는 절대로 우리 삶은 그렇게 불공평하지 않다. 약자들
그리고 강자들, 우리 모두는 그렇게 다르지 않은 감성적 삶을 살고
있음을 잊어서는 안 된다.

어느 한가로운 오후의 사유

II 장. 여름에서 가을까지

어느 여름에서 가을까지
숲과 하늘, 구름, 땅, 그리고 노을의 운율 속에서
한 대상(對象)은 창조된다.

어느 인식자의 투명한 여름과 가을

파란 하늘에 우리의 눈도 파랗게 물들여진다.
그리고 우리 눈 속의 모든 것도 파랗게 변할 것이다.

감성을 위한 노트 2

1. 조용한 휴식

우울을 치료하는 것은 웃음이 아니라 휴식이다. 우울은 정신적 피곤함을 기원으로 하기 때문이다. 잘 자고 일어난 아침, 파란 하늘은 슬픔을 치료한다. 생각이 많으면 잠이 부족하기 마련이다. 어울림에 대하여 다시 생각한다. 결국, 최고의 휴식은 [생각을 멈추는 것] 잃어버린 나를 찾기 위한 여덟 가지 고찰 이다. 이를 위해서는 우선 자신의 목표를 멈추어야 한다.

여름에서 가을까지

~ 검은 흙과 황토 빛 흙이 알려주는 것 - 비가 내려 따뜻이 대지를 적시고 흐린 하늘은 도무지 끝이 없다. 회색 하늘은 사람들을 우울하게 한다. 주위 파란 잔디가 깨끗하다. 그 속 작은 풀벌레들은 무심히 다가오듯 움직이며 파란 잔디 밑 땅은 이상하게도 검은 흙이다. 검은 흙 사이로 보이는 황토 빛이 반갑다. [하늘과 땅, 당분간 흐릴 것 같고 새소리를 들으려 노력하지만, 시간이 흐름에 따라 필요한 것은 조용한 휴식이었다.]

인식자의 투명한 여름

2. 바람의 느낌

서늘함은 무더움을 전제로 한다. 행복도 마찬가지. 그렇다고 내가 행복하기 위해서는 불행한 자가 있어야 하는 것은 아니다. 그렇게 생각한다면 지금 생각을 조금 바꾸어야 한다. 바람(風)은 [상대적 즐거움]이 아닌 [절대적 즐거움]이 무엇인지를 공부하게 한다.

164

↝ 나뭇잎 사이 바람의 이야기 - 역시 오늘도 하늘은 맑고 아침에는 서늘함에 몸이 떨린다. 하늘 사이로 정오의 태양이 뜨겁지만, 나뭇잎 사이로 불어오는 선들바람은 곧 이라도 나뭇잎을 떨어뜨릴 듯 세차고 시원히 느껴진다. [나뭇잎이 세게 흔들려 그 사이로 보이는 햇살이 어느 때 느끼기 힘든 태양의 섬세함을 보여준다.]

인식자의 투명한 여름

3. 가슴 뜀

가슴 뜀은 생명의 상징이다. 예상하지 못한 이유로 가슴 뛰는 것은 이 때문이다. 보통 자신에게 가장 절실한 것으로부터 가슴 뜀은 기원한다. 깊은 슬픔에 잠긴 자도 가슴은 뛴다. 슬프다는 것은 자신을 파괴시키는 과정이 아니라 자신을 회복시키는 과정이다. 걱정할 것 없다.

165

여름에서 가을까지

♩ 구름 사이 붉은 원환의 암시 - 노란빛 하늘 속 구름은 하늘과 섞여 구름인지 하늘인지 구분 안 된다. 열매인지 나뭇잎인지 나뭇잎 속 색다른 부분이 모여있고 맛있는 열매 같은 느낌이 들어 손을 뻗어 따고 싶은 충동이 든다. 바람이 세차게 불어 알 수 없는 변화가 계속되고 가끔은 구름 사이로 붉은 원환이 보인다. [문득 구름 색이 변해 따뜻한 느낌으로 가슴이 뛴다.]

인식자의 투명한 여름

4. 아침 노을 후에

아침 놀의 변화만큼 우리 삶도 끊임없이 변화한다. 보통 우리는 지루하다고 생각하지만. 그 변화가 모든 것을 위로할 것이다. 하루하루가 지루한 것은 철없던 시절로 충분하다. 사실, 눈 깜짝할 사이에 모든 운명이 바뀔 정도로 우리 삶은 역동적이다. 우리 모두 내일 다른 삶을 살 수 있다.

여름에서 가을까지

↝ 주황빛 아침놀이 들려주는 것 - 노랑인지 주황인지 구분되지 않는 아침놀은 어느새 얼굴을 물들여 간다. 조금 더 있으려니 검은 구름 층층이 비를 몰고 흰빛 검은빛 구름이 교차하며 비를 뿌린다. 그리고 점점 회색으로 그 빛을 변화시키더니 비를 다 뿌린 것을 확인하듯이 점점 더 하얀 빛을 더해 간다. [하얀 구름 사이로 푸른색이 보일듯하며, 언젠가 모르게 환한 하늘 속 새로이 나타나는 검은 구름은 또다시 비를 뿌릴 것 같다.]

인식자의 투명한 여름

5. 초승달의 슬기로움

잘 알지 못하는 것들이 무수히 우리 주변을 감싸고 있다. 겨우 몇 가지 알았다고 자랑할 것 없다. 몇 가지 좀 더 안다고 우쭐대는 자들은 그냥 무시해도 좋다. 그러나 무시해서는 안 되는 자들도 분명 있다. 그들은 아는 자들이 아니라 나누는 자들이다. 자신이 명석하다고 생각될수록 사람들로부터 무시당하기 쉽다. 잘 나누지 않기 때문이다.

167

여름에서 가을까지

↝ 여름밤 얇은 초승달의 독백 - 구름은 계단을 이뤄 이어질 듯 말 듯하며 수직 인지 수평 인지 눈앞이 어지럽다. [돌아오는 길에는 여름밤 초승달이 원을 그리며 슬기로움을 나타내듯 천천히 다가선다.]

인식자의 투명한 여름

6. 만듦

100가지의 우연과 행운이 나를 숨 쉬게 한다. 그중 하나라도 빗겨간다면 나는 존재하지 않는다. 조금 차분히 생각해 보면 사실 우리 삶은 슬퍼할 틈이 없다. 우리는 신이 창조할 때 했던 것과 거의 동일하게 지금 현재를 창조하고 있다.

🜁 어느 작은 언덕 위, 풀벌레의 관조적 운율 - 잿빛 구름 속에서 푸른 하늘이 얼굴을 내밀고, 풀벌레 소리는 그 사이를 통해 귓속으로 파고든다. [어느 여름에서 가을까지 숲과 하늘, 구름, 땅, 바람 그리고 노을의 운율 속에서 한 대상(對象)이 창조된다.]

인식자의 투명한 여름

7. 비 오는 여름 늦은 오후 시샘

성취를 위해 너무 애쓸 것 없다. 의외로 그것을 같이 기뻐하고 좋아하는 사람은 매우 적다. 슬퍼할 것도 없다. 마찬가지 이유로. 자신에게 정말로 즐거운 일과 슬픈 일은 우리가 지금까지 해 온 일과는 많이 다를 것이다.

﹏ 바람에 흔들리는 버드나무가 말하려는 것 - 강한 바람과 함께 비가 내린다. 하늘은 회색빛. 밀려오는 바람은 조그마한 나무로부터 큰 나무에 이르기까지 힘겨운 움직임을 일으킨다. 굵은 가지로부터 빗겨 나온 작은 버드나무 가지는 온몸을 뒤흔든다. 작은 수목과 연약한 가지가 시련을 겪는다. 바람은 오후가 되면서 푸른 하늘, 잿빛 구름에 용해되어 자취를 감추고 잿빛 구름은 붉은 저녁놀 밑으로 차츰 수그려져 가고 있다. [붉은 저녁놀은 검은 구름에 가려 그 자태가 더욱 뚜렷해지고 어느 구름은 드디어 적갈색으로 변하였으나, 그 신비로움을 시샘하는 바람이 그 색조를 움직인다. 시간이 지나면 붉은 하늘은 엷은 하늘색의 구름과 함께 용해(溶解)될 것이다.]

인식자의 투명한 여름

8. 돌아봄

근본적인 자유는 무변화이다. 무변화를 위해서는 무질서가 필요하다. 그곳에서는 약자는 강해지고 강자는 고귀해진다. 자신이 약자라고 생각되면 질서를 무너뜨리는 것이 약자의 위치로부터 벗어나는 가장 빠른 길이다. 질서를 무너뜨리는 것은 의외로 간단해서 지금까지의 선악을 잊어버리고 자신의 기준을 만들면 된다. 물론 그 기준은 선악을 넘어야 한다.

여름에서 가을까지

♫ 어느 날 오후, 파란 하늘의 즐거운 지식 - 그래도 파란 하늘이 하얀 구름보다는 더 정답다. [실존(實存)은 고정 관념을 뛰어넘는 것 그리고 어떤 것도 방해할 수 없는 근본적인 것에서 자유를 찾는다.] 자연은 존재(存在)로의 회귀이다. 파란 하늘, 존재가 나에게 들어온다. 이는 무엇보다 충만한 삶의 숭고함을 부여한다. 구름과 같은 변화보다는 하늘과 같은 무변화에 안정감을 느낀다. 마치 그림 속의 정지 상(像)속에서 우리가 안도감을 갖듯이.

인식자의 투명한 여름

9. 시간의 피안(彼岸)에 서서

시간의 파동이 저녁놀과 함께 가슴 속으로 밀려옴은 전혀 놀랄 일이 아니다. 시간과 함께 미끄러져 내려 감은 우리 이미 익히 알고 있다. 그곳에서는 슬픔과 기쁨, 약자와 강자 대립되는 두 관념의 벽이 무너진다. 절대적 그 무엇으로부터는 그 차별이 사라지기 때문이다. 누구나 한 번은 시간의 피안에 서는데 보통 죽음과 관련이 있다. 그런데 사실은 죽음과 상관 없이도 시간이 멈추는 곳, 그곳에 때때로 설 수 있을 것 같다.

171

> ↝ 저녁놀과 태양의 대화를 엿들음 - 저녁놀 속 시간의 변화로움은 누구에게나 신비롭다. [느낄 수 있는 시간과 느낄 수 없는 시간의 대립은 시간으로부터 우리를 자유롭게 해줄 수 있는 황금의 열쇠를 부여한다.] 많은 것들이 시간 속에 용해되는 태양과 함께 사라졌다가 다음날 태양과 함께 밀려온다. 태양이 떠오르면 그리고 산을 넘으면 태양이 머무는 곳, 태양을 항상 바라볼 수 있는 곳에 다다를 것 같다.

인식자의 투명한 여름

10. 오후의 수목(樹木)과의 동화(同化)

무엇이 사물을 분별케 하는지 눈을 감는다. 하나를 배울수록 더욱더 멀어진다. 절망에 빠진 자는 [두려움으로부터의 자유]를 자신의 존재로부터 선물 받는다. 이는 모든 것을 반전시킬 수 있다. 존재가 드러날수록 동화(同化)는 어렵다. 동화되려면 가능한 몸을 낮추어야 한다.

↰ 별들의 은밀한 화장(化粧)을 훔쳐 봄 - 오후(午後) 수목은 더 할 수 없는 아름다움으로 굉장한 사랑을 나누어 준다. 나도 모르게 그 수목에 입 맞추는 순간, 숲 속의 작은 형상으로 하나 되는 착각에 빠진다. [나는 나무인가. 나는 바람인가. 착각으로부터 벗어남이 힘겹다.] 저녁이 되면 별들은 푸른 하늘을 검게 만들어 자신을 드러내지만, 하늘가 수목(樹木)은 자신을 드러낼 수 없음에 어찌할 수 없이 어둠과 바람에 동화된다.

인식자의 투명한 여름

11. 서두르지 않음

평온함은 우리 미래 최대의 목표가 될 것이다. 그렇다고 우리가 원하는 것은 구름이나 작은 계곡 물과 같은 무심(無心)은 아니다. 무심(無心)은 존재를 부각시킬 뿐이다. 많은 슬픔을 경험한 자는 평온할 수 있는 자격을 얻는 셈이다. 쇠는 담금질 되어야만 어떤 나무라도 벨 수 있다. 쇠가 약해지는 것은 사용해서가 아니라 사용하지 않아서 생기는 부식이다. 평온함을 찾고 있는 우리에게 필요한 것은 [하지 않는 것]이 아니라, [서두르지 않는 것]이다.

여름에서 가을까지

🎵 숲이 항상 이야기 해주는 것 - 남색 바탕 하늘 속 흰 구름은 황홀한 자연의 궁극(窮極)이 무엇인지 보여준다. 숲과 함께하며 느끼는 감정은 거의 항상 동일하다. 이것이 사람들이 숲을 찾는 이유이다. 우리가 자연의 본성을 이해하고 그것을 자신의 삶에 적용한다면 아마도 거의 같은 효과를 낼 것이다. [숲의 본성 중 하나만 더 이야기한다면 그들은 서두르지 않는다는 것이다.]

인식자의 투명한 여름

12. 작은 마음

작은 마음은 가볍고 변화가 쉽다. 생각이 마음을 크고 무겁게 한다. 슬픔을 벗어나기 위해서 너무 노력할 것 없다. 실패, 좌절과 함께하는 삶도 나름대로 이야기의 주인공이 될 수 있다. 소설에서는 보통 그런 삶이 감동과 재미를 준다.

↗ 하얀 비와 녹색 바람의 순수한 경쾌함 - 하루 종일 흐린 하늘은 하얀 비를 머금고 있다. 분명 어디에선가는 비를 뿌리기도 할 것이다. 나무 사이로 불어오는 녹색 바람이 몸속으로 느껴지며 나뭇잎 사이로 떨어지는 빗방울은 몸에 달 듯 말 듯하다. 눈물 머금은 나뭇잎도 서로 함께 흔들린다. 멀리 보이는 산은 급히 꺾어지다 다시 돌아온다. 골짜기는 주변의 얕고 먼 잘 드러나는 구름으로 복잡한 듯 보이기도 하지만 어린아이의 마음과도 같이 순진함을 머금은 채 남아 있다. [비를 머금고 있다가 뿌리기도 하며 그리고 또다시 머금고 있는 하늘과 구름의 모습은 마치 경쾌한 음악을 연주하듯 끊임없이 변화한다.]

인식자의 투명한 여름

13. 부동의 부드러움

아름다운 자는 옅은 구름 속 감색의 태양과 같은 부드러운 눈초리를 품는다. 그런 아름다운 자를 자신의 옆에 둘 필요는 없다. 아름다움은 멀리 있을수록 아름답다. 가끔은 [소유하지 않음의 역설]을 되돌아볼 일이다.

여름에서 가을까지

↝ 감색 태양의 부드러운 눈초리가 보여 줌 - 땅을 차고 일어나 정상까지 가기에는 지금 안개로 시야가 어두워 어려울 것 같다. 나무와 그 그림자들도 팔과 다리를 붙잡는 것 같다. 삶의 작은 아름다움을 위한 투쟁과 같이. 감색 태양이 아름답다. 사랑하지 않을 수 없는 듯한 느낌이다. 남아 있는 삶의 작은 아름다움마저 빼앗기는 듯한 초조감을 드러낸 채, 언젠가부터 여기 서 있다. [부동(不動)의 부드러운 눈초리는 아름다움을 정면으로 바라볼 수 있는 그리고 아름다움의 자기화(自己化)를 위한 오랜 고독을 암시한다.]

인식자의 투명한 여름

14. 서늘한 여름 저녁 노을같이

인간을 무너뜨리는 것은 슬픔에 의한 절망뿐 아니라, 성취에 의한 만족감도 무시할 수 없다. 자신의 슬픔이 자신을 무너뜨린다고 변명하지 않는 것이 좋다. 사실, 중요한 것은 절망도 만족도 아닌, 생각지도 않은 다른 것 존재, [나] 이다.

여름에서 가을까지

↗ 붉은 노을 속 제비의 비행(飛行) - 붉은색 원환이 하늘 가득히 그리고 조금 다른 주홍빛 원환은 바로 위에서 장엄히 그려져 있다. 그 붉은빛에 싸여 정신이 아득해진다. 회색 구름 사이로 하얀 구름 보이고 붉은 노을 원점 부근은 바라보기 눈물겹다. 층이 올라갈수록 그 색조는 엷어지며 커다란 원환은 세 번째 층으로부터 이어진 듯하다. 먼 여행을 암시하듯 제비들은 머리 위를 그리고 땅을 차며 날고 있고 하얀 뭉게구름이 하늘을 덮자 하늘은 어느새 회색이다. 산허리에서 갈라진 암영(暗影)은 서늘함을 머금고 있다. [붉은 노을 원환 속에서 아득해지는 나를 지지해주던 대지마저 정신을 잃은 듯 휘청거리고, 다시 날 보고 이야기하기 위해 비추고 있는 듯한 노을은 미소 짓도록 하는 다정함으로 다가온다.] 황홀한 기쁨은 나를 빼앗는가.

인식자의 투명한 여름

15. 지침

자신이 지쳐 있다고 생각되면 우선은 휴식해야 한다. 그 휴식은 자신을 위한 것이기도 하지만 자신 주변의 타자(他者)에게 더욱 필요하다. 너무 지쳐 있을 때 중요한 일을 결정하면 안 된다. 보통, 결정은 자신의 가장 보통의 상태, 하루 중 가장 오래 지속되는 상태에서 하는 것이 후회가 적다. 대부분 충분히 잔 날 정오(正午)가 좋다.

↝ 구름 속 태양의 사랑스러움 - 누워서 하늘을 보면 아득한 정신으로 최면에 걸린 듯 붉은 하늘이 눈앞에 펼쳐진다. [멀리서 들리는 알 수 없는 소리는 아득한 시간 속에서 무엇이 옳은지조차 알 수 없게 한다.] 구름은 다시 층을 이루며 오늘도 태양을 휩싸고 있지만, 구름을 헤치고 제 모습을 드러내려 애쓰는 태양의 모습이 사랑스럽다. 태양이 지친 것 같아 안타깝다.

인식자의 투명한 여름

16. 작은 돌 위의 빗방울처럼

빗방울이 작은 돌 위에 떨어지는 것 이상으로 우리 삶은 우연의 연속이다. 어쩌면 삶의 모든 것이 두렵지 않을 수도 있다. 슬픔도 열 가지 우연의 결과일 뿐이다. 슬퍼할 때, 어느새 즐거움을 위한 우연은 준비되고 있다. 그렇게 침울할 것 없다.

🐾 비가 발산하는 향기로운 냄새와 하늘을 향한 나무로부터의 이야기 - 끊임없이 비를 뿌리던 구름이 움직인다. 계속되는 비는 빗방울이 보일 정도로 굵지만, 그 수는 많지 않다. [땅에 떨어져 조그마한 돌을 적시는 빗방울은 자신에게 알맞은 돌을 찾아 들어가는 듯이 느껴진다.] 조그만 돌에 떨어진 빗방울은 단 한 방울에 모든 것을 적시면서 흘러 떨어진다. 구름과 비슷한 형상의 돌멩이는 제 모습을 찾으려고 애쓰지만 바로 그 순간, 빗방울은 다시 그 자리에 떨어진다. 지금 비는 흙 먼지를 뿌리면서 향긋한 내음을 발산하고, 제멋대로 자란 나무는 하늘을 향해 펼쳐진다.

인식자의 투명한 여름

17. 어둠

어둠 속에도 어둠과 밝음이 있다. 슬픔 속에도 어둠과 밝음이 있다. [어두운 슬픔]을 택할 것인지 [밝은 슬픔]을 택할 것인지 결정하면 된다. 어차피 아침은 오겠지만 밝은 어둠에 있는 편이 그래도 조금은 평온하다.

↯ 어둠 속 어둠이 의미하는 것 - 구름은 어느 새인가 산을 이루어 푸른 산과 대조를 이루며 산의 모양을 변화시킨다. 빛깔을 알 수 없는 구름은 움직이고 있는지 멈춰 있는지 구분이 되지 않는다. 포플러도 풀이 죽은 듯 흙을 향하고 있다. 어둠이 찾아오는 시간은 무척이나 빠르다. 어둠이 어디서 찾아오는지 알 수 없어 주위를 두리번거리면 어둠 속에서 이미 길을 잃는다. 어둠은 자신을 쉽게 내보이지는 않는다. [우리가 찾고 있는 것이 우리와 정말 상관 있는 것들인가. 어둠 속에서 잘 보이지 않는다.]

인식자의 **투명한 여름**

18. 어느 여름 아침의 강인함

아쉬움과 회한은 분명히 약자의 변명이다. 진리를 찾는 강한 자는 아쉬워하지도 후회하지도 않는다. 아직 끝나지 않았기 때문이다. 강자가 될지 약자가 될지는 타자(他者)에 의해서가 아니라 자신이 선택하는 것이다.

여름에서 가을까지

↟ 비를 뿌리지 못하는 구름의 아쉬움 - 찌푸린 하늘 속에서도 아침놀은 그 여명을 밝히고 곧 사라질 여명은 가슴 속에서 꿈틀대는 서정(抒情)을 드러낸다. 비를 뿌리지 못하며 머물러 있는 구름은 과실을 익히지 못하는 아쉬움을 남기고 있는 것 같다. [멀리서 들리는 듯한 종소리는 한가로운 마음을 일으켜 단 하나의 나뭇잎으로도 마음을 풍족하게 한다.] 이 회색 하늘에 흐르는 듯한 흰 구름의 선은 저편 끝없는 산과 마주하여 흩어지지 않으려 힘을 모은다. 그러나 뜨거운 태양은 이 구름을 곧 사라지게 할 것이다.

인식자의 투명한 여름

19. 회복

마음의 회복은 처음 상처와 조금 다른 곳에서부터 시작된다. 그
것이 자연의 이치이다. 그러므로 어떤 상처도 걱정 없다. 마음은 너무도
깊어 어떠한 상처도 문제 되지 않는다. 몇 곳에서 상처가 심해, 회복될 수
없을 것 같아도 조용히 숨어 있는 존재 [나] 를 생각하기만 하면 오래지
않아 변화가 일어난다.

↷ 흰 구름, 검은 구름, 붉은 태양, 비를 맞은 낙엽 그
리고 아름다운 별 - 방향을 찾으려는 철새처럼 이
리저리 눈길을 바삐 움직여 본다. 한쪽은 푸른 하
늘이고 다른 쪽은 곧 비가 쏟아질 듯한 검은 하늘
이다. 오랜만의 푸른 하늘은 마음을 가볍게 해 주
고 다른 한 편 흰 구름 밑 검은 구름은 더욱 검게
느껴진다. 나무 밑에 걸린 빨간 색의 태양은 어느
등불과 어울리어 어느 것이 태양인지 구분키 어렵
게 한다. 멀리 노을은 먹구름에 싸여 제 모습을 가
리며 붉은빛의 여명을 좁혀간다. 떨어진 낙엽은 벌
써 그 빛을 잃어가고 비를 맞아 강인함마저 보여
준다. [벌써 붉은빛은 사라지고 어둠이 밀려와 확
장된 사물이 느껴진다. 별들은 제 모습을 아름답
게 다시 꾸미고 있다. 어제와는 다르다. 단지 다를
뿐이다.]

인식자의 **투명한 여름**

20. 변화

인지되는 변화보다 인지되지 않는 변화가 훨씬 더 많다. 변화가 보이지 않는다고 초조해할 필요 없다. 이것을 알지 못해 보통 일이 틀어진다. 중요한 일일수록 마지막 하루의 무심(無心)이 필요하다.

여름에서 가을까지

↯ 느낄 수 없는 바람이 변화시키는 것들 - 구름 하나 없는 새파란 하늘에 태양 빛은 푸른 색을 검게 만들고, 이때 저 멀리서는 하얀 구름이 일어나기 시작한다. 느낄 수 없는 바람이 얼굴을 스치는 듯하다. 거친 땅에 몸을 대고 나무 그늘에 누워 등을 기대는 순간 온몸의 힘이 나무에게 전달된 듯싶으며 이때 바람은 나의 온몸을 휩싸 안는다. "안개가 짙은 날은 구름이 없고, 구름 없는 노을은 쉽게 진다." 안개는 산허리를 감싸는 구름으로부터 시작되었다. 앞을 보기 힘들게 하는 안개는 신비로움을 더해 주지만 이를 느끼면서 걷는 것은 힘겨운 일이다. [노을이 끝나는 하늘은 밤이다. 그리고 이제 노을은 없다. 까만 밤에 나무들은 자신을 나타내려는 듯 빛나고 있다. 하늘 아래 모든 것이 어두울 때, 구름은 하얗게 빛나고 나무는 드디어 제 빛을 낸다. 별이 무엇인가의 아름다움에 취한 듯 바라보는 것 같다.]

인식자의 투명한 여름

21. 기다림

기다림 속에서 때가 되면 자신의 뜻을 드러내기는 해야 한다. 보통 끝까지 드러내지 않는 기다림은 절제가 아니라 겁쟁이들의 [용기 없음]이라고 누군가 이야기한다. 그럴 수도 있지만 그렇다고 [용기 없음]이 꼭 나쁜 것만은 아니다. 조금 더 시간이 지나면 [용기 없음]이 사실은 [용기 있음]이었을 때도 있다. 오히려 겁쟁이들이 때때로 용기를 가장하기도 한다.

여름에서 가을까지

↲ 바람 속 나무 냄새의 자극 - 구름이 많아 하늘이 보이지 않지만 구름은 아직 비가 되지 않는다. 구름을 움직여 가는 바람은 자신의 흰 빛을 여실히 보여주고, 구름 따라 움직이는 나무 사이로 상큼한 산 내음이 풍기는 듯 코끝이 시큼하다. 어둠이 깔리는 대지 위를 걸으면 별들의 탄성이 들리는 듯 하지만, 하나의 별이 유난히 눈에 뜨인다. 아침 어둠과 저녁 어둠은 구별이 쉽지 않다. 아침 어둠은 서늘하고 저녁 어둠은 상쾌하다는 느낌이 들긴 하지만. 이제 태양이 곧 떠오를 것이다. [자신의 얼굴을 붉게 물들인 채로 태양을 외면해서는 안 된다.]

인식자의 투명한 여름

22. 어지러움

너무 급히 방향을 바꾸면 어지러움은 피할 수 없다. 그러므로 삶의 방향을 바꾸려면 조금씩 준비해 나가야 한다. 슬픔도 준비하면 조금은 견딜 만하다. 이는 불변의 이치이다. 갑작스런 슬픔이 힘든 것은 이런 이유이다. 이때는 자신의 삶에서 일정 부분을 따로 떼어 내어 다른 영역을 만들고, 그 속에서 잠시 동안 백지(白紙)의 시간을 만들 필요가 있다. 이 백지가 조금 시간을 벌어 줄 것이다.

여름에서 가을까지

↗ 태양을 막는 구름 사이 빛의 혼란 - 태양의 뜨거움을 느낄 수는 있지만, 그 뜨거움을 바라보기는 어렵다. 뜨거움만으로도 삶의 열정을 나타내주고 그를 가로막을 것이 없는 듯하다. 태양을 막는 구름 사이로 햇살은 투명하게 빛나고 두 갈래로 나누어진 햇살은 그 광채가 혼란스럽다. 지나쳐오자 멀리서 거친 바람이 불어오고, 그 바람은 몸을 날릴 듯 세차게 몸을 휘감는다. [이때 타는 듯한 뜨거운 태양의 열기에 몸이 녹아나는 듯한 느낌으로 몸을 돌리는 순간, 주위의 모든 사물이 나 아닌 것에 몸을 돌리고 있다는 것을 느낀다.] 어지러움을 느끼지만 나의 시선은 다시 돌이킬 수 없으니!

인식자의 투명한 여름

23. 비굴

비굴함이 타자(他者)를 위한 것이라면 새롭게 탄생된다. 보통 약자들은 비굴함을 참지 못한다. 강자들은 때때로 비굴함을 즐긴다. 약자라고 생각해 온 자신은 _{약자로 취급 받아 왔을 뿐} 사실, 약자가 아닐 수도 있다.

여름에서 가을까지

✒ 어느 맑은 날 들판의 하루 - 태양이 뜨기 전, 차가운 기운이 마지막 호흡을 하듯 주홍빛 하늘은 서늘한 느낌을 들게 한다. 아침놀은 언제나 차갑다. 빛을 발하다가 이제 소멸해 가는 별은 그 빛의 차이가 역력히 드러나 아득하게 느껴지고, 멀리 삼연성(三連星)만이 반갑게 맞아 준다. 조금 있으니 이제 더 이상 푸를 수 없는 파란 하늘은 정말로 하얀 구름과 어울려 그림과 같은 정경(情景)을 또다시 이루고, 이 때, 뜨거움을 피하는 비굴함으로 얼굴을 돌리는 사물들이 눈에 들어온다. [조금 있으니 붉은 노을 위 초승달과 그 아래 검은 산 그리고 멀리 종소리. 눈에는 아름다움을 그리며 달과 함께 눈을 감는다.]

인식자의 **투명한 여름**

24. 고독

고독은 삶을 재건하려는 과정이다. 고독을 계속 피하면 삶이 무너져 내릴 수도 있다. 고독한 자들은 다시 태어남을 기대할 수 있는 자격을 가진다. 그리고 고독도 가끔은 즐길 만하다. 고독만이 줄 수 있는 것이 있기 때문이다.

여름에서 가을까지

↝ 차가운 별 빛 고독 속으로 - 차가운 대지 위 별빛은 그 뜨거움을 전해주지 못한다. 별들마저 추위에 떨듯이 그 밝기를 유지 못하고 떨고 있다. 차가운 별빛은 삶을 절실히 한다. 몸을 긴장시킬 만큼의 고독 속에서 기쁨을 느껴보려 하는 노력은 힘을 잃는다. 추위에 얼어 죽어가는 벌레와 같이 땅을 응시하는 자(者)를 느낀다. [태양이 떠오름에 따라 뜨거워지려는 힘과 차가운 대지는 서로 싸우며 안개 속에 핏빛을 쏟아 놓는다.]

인식자의 투명한 여름

25. 평온

평온함을 깨뜨리는 것은 슬픔과 기쁨의 최고 상태만은 아니다. 그 과정도 모두 고요를 깨뜨린다. 그러므로 슬픔을 향해 가지도 말고 기쁨을 향해 가지도 않는 것이 좋다. 우리가 결국 추구하는 것은 [평온함]이다. 즐거움이 없는가. 그렇지 않다. 즐거움은 너무도 많아서 슬픔과 기쁨 정도는 생략해도 된다.

187

여름에서 가을까지

ㄱ 창문을 통해 들어오는 차분한 햇빛이 주는 것 - 고조된 감정을 억누르고 발길을 돌릴 때, 주위 공간의 무관심은 몸을 움츠리게 한다. 창문을 통해 태양 빛은 차분히 방안으로 흘러 들어오고, 시들어가는 창 밖의 일들은 다가오는 계절을 말해주는 듯하다. 떨어질 듯 나무에 매달린 잎은 삶의 여정을 말해 주듯이 고개를 숙이고 있다. [저물어 가는 태양 아래서 움직이는 인간의 신비로움이 창문 밖 사이로 영화와 같이 흘러가듯 하고, 그 움직이는 인간의 정적인 흐름은 아득히 흘러 들어오는 슬픔도 기쁨도 아닌 평온함을 느끼게 한다.] 지금은 창문으로 태양이 눈에 들어오고, 지는 태양을 붙들려는 노력에 몸과 마음이 상해가는 듯하다.

인식자의 투명한 여름

26. 이중성

침묵은 이중성을 대표한다. 보통 말을 하면 이중성이 깨져 주위는 친구와 적으로 나뉜다. 삶을 향한 태도의 경우도 크게 다르지 않다. 보통 [침묵자]는 정말로 [약한 자]이거나 정말로 [강한 자], 둘 중 하나이다. 그것은 자신이 결정한다.

↷ 파란 하늘과 회색빛 하늘의 대비 - 새벽이다. 밝은 빛이 비추어지려면 아직도 많은 별들이 사라져야 할 것 같다. 사라진 듯했던 별들도 새벽바람에 되돌아와 마지막 빛을 발하고 있다. 이제 아침 해의 서광은 또다시 창을 통해 들어오고 그 밝음은 마음을 순간, 동요케 하지만 결국 편안한 마음이 든다. 구름 하나 없는 파란 하늘과 회색빛이 감도는 탁한 하늘은 묘한 대비로 삶의 이중성을 나타내는 듯하며, 이 이중성을 감추려는 듯 바람이 점점 거세진다. [어둠을 뚫는 듯한 거센 바람도 그의 침묵은 몰아내지 못한다.]

인식자의 투명한 여름

27. 어떤 두근거림

진정한 두근거림은 자유를 의미한다. 자신의 소심함으로 돌리지 말고 자유를 향한 설렘으로 변화시키는 것이 좋다. 설렘은 슬픔에 잠긴 약자의 삶을 회복시킨다. 물론, 바다를 항해하는 듯한 설렘을 위해서는 [새로운 대륙에 도착하는 꿈과 튼튼한 배를 만드는 준비]가 모두 필요하다.

여름에서 가을까지

⚡ 노을에 젖은 들판의 유혹 - 푸른 하늘, 넓은 들판, 거친 풀섶. 모든 것이 다가온다. 새롭고 생소한 것이 아침 일찍 마주치는 햇살 같다. 예쁜 눈썹 같은 달은 저녁놀과 함께 어울려, 순수한 아름다움 그 자체로 만족하게 한다. [시간의 강인함은 이지러진 달과 같다.] 산 너머 보이는 다른 산은 아득히 노을에 물들어 정겹다. 노을에 젖은 들판은 분홍빛 화장을 한 소녀처럼 화사하고, 그 화려한 모습으로 사람들을 유혹한다. 저 산 너머 누군가가 항상 반기는 곳으로 갈 수 없음에, 태양을 보며 자유로워지는 날을 기다린다.

인식자의 투명한 여름

28. 힘듦 그리고 즐거움

자신이 감당할 수 있는 경우는 힘들어도 즐거울 수 있다. 같은 이유로 자신의 힘을 키우면 삶 대부분이 즐거울 수 있다. 아직 자신이 약자인 경우, 조금 시간이 걸려도 자신 내면의 힘을 키우는 것이 즐거운 삶을 위한 유일한 길이다. 그렇지 않으면 시샘하는 자들에 의해 쉽게 무너져 내린다. 내면의 힘은 다름 아닌 별것 아닌 [자신을 제어할 수 있는 힘]이다. 우리 주위, 힘 있는 자들이 별로 없다.

여름에서 가을까지

🖋 어떤 자유로운 새의 비상 - 멀리서 밀려오는 풀 내음에 정신이 아찔하다. 멀리 들판의 벼는 보기 좋게 익어가고, 사마귀는 갈색으로 그 모양을 바꾼다. 구름 저 멀리 자유스런 새는 날개짓을 힘차게 하고, 그 힘찬 모습이 가슴을 뛰게 한다. 들판 위에 누워서 듣는 소리는 하나하나 평온하다. 풀 내음이 그렇게 향기로운 줄 몰랐다. [어둠 속에서도 작은 시냇물과 함께 길은 보인다.] 길을 따라 올라가는 걸음은 무겁지만, 그래도 무엇인지 충만 되어지는 느낌에, 즐거운 마음을 감출 수 없다.

인식자의 투명한 여름

29. 드러남

지금 자신의 존재가 드러나는 순간인지 사라져 가는 순간인지는 자신이 살아온 시간의 총합과는 무관하다. 조용히 숨을 마치는 순간, 자신을 최대로 하면 된다. 지금의 슬픔과 약함은 별 상관 없다. 내일 아침 날이 밝으면 모든 것이 완전히 바뀔 수 있다.

ᐰ 별빛 그리고 달빛의 조용한 비춤 - 하늘은 옅은 구름에 싸여 강렬한 빛이 차단되어 있다. 땅에 누워 하늘을 보는 것은 그중에서도 즐겁다. 가시덤불 옆에 누워 땅 냄새를 맡고 있다. 별빛인지 달빛인지 모를 빛은 수목(樹木)을 비추고, 등불과도 같은 밝기의 빛은 조용히 움직여 간다. 많은 것을 잃은 후에는 그만큼 얻을 수 있다. [그런데, 얻는 것은 삶과 자연으로부터이고, 잃는 것은 자신으로부터인 듯한 느낌에 안타까움이 밀려온다.] 이대로라면 자신으로부터 아무것도 남아 있을 것 같지가 않다. 이 안타까움 속에는 저 멀리 들녘의 외딴 마을로부터 받는 느낌일지도 모르는 적막감과 나무들의 숨소리가 모여 있는 것 같다. 욕심 없는 소박하고 부드러운 자의 눈에서 본 사물은 조금 더 감성적이다.

인식자의 **투명한 여름**

30. 허무

허무함은 기대에 비례한다. 자신의 노력만큼만 기대하면 우리 삶에서 허무함은 거의 없다. 노력만큼은 예외 없이 돌려주기 때문이다. [바람 구(求)함]이 줄어들수록 그의 생각 철학 은 완성에 가까워진다.

↗ 푸른 색을 잃어버린 풀잎 - 벌써 밤이다. [하루가 지나가는 소리를 들으면서, 여러 색의 자연이 보내는 유채색 바람 소릴 들으려 노력했지만, 나뭇잎에 부딪혀 산산이 부서질 뿐이었다.] 삶이 흘러가는 길목에서 삶을 역행하는 듯이, 알 수 없는 새는 날개를 힘껏 뻗는다. 아마 그때 하늘은 파랗게 빛났던 것같다. 며칠 동안, 풀 내음은 아직도 코를 간지럽히는데 문득 모습을 돌아보니 이미 그 색을 잃어버렸다. 노란 들녘에서 보이는 큰 소는 길을 잃은 듯 주인에게서 벗어나 있고, 이를 쫓는 듯한 사람의 발길이 바쁘다. 먹이에 굶주려 풀잎에 누운 파란 거미처럼 그런 바람 속에서 우리도 삶을 꾸려가고 있는 듯하다.

인식자의 투명한 여름

31. 충만

작은 충만은 작게 다가온다. 그러나 그 보잘것없는 듯한 충만은 모든 우주를 아름답게 한다. 그 충만은 작지만, 비교할 수 없을 정도로 큰 야망과 큰 꿈을 갖고 성취해 가는 자들이 이루는 것들의 가치와 조금도 다르지 않다. 이는 우리 우주에 필요한 가치를 사람의 기준으로 비교해서는 안 되는 것과 같은 이치이다. 자신이 좀 더 가치 있다고 생각하는 오만한 자들이 알아야 할 사소한 진실이다.

여름에서 가을까지

↝ 바람에 흔들리면서 길을 안내하는 나뭇잎 – 앞이 잘 보이지 않는 안개 속에서도 상쾌한 구름과 잔디는 눈에 들어온다. 어디 선가의 푸른 빛은 나뭇잎들의 모습을 변하게 하고 거센 바람에 흔들리는 나뭇잎은 마치 길을 안내하는 것 같다. [우리를 둘러싼 모든 사물이 다시 돌아오는 듯 느껴지고, 언젠가 돌아가야 할 삶의 바다를 머금은 듯한 작은 물방울 속 세계가 동화처럼 눈에 들어온다.] 어떤 날, 가을 햇살이 빛나고 그 햇살을 맞으며 영원한 시간의 끝에서 달이 차듯이 서두르지 않고 천천히 별을 보는 눈동자가 있을 것이다.

인식자의 투명한 여름

32. 겹침

우리가 사물을 잘 보지 못하는 것은 겹쳐 있기 때문이다. 그 겹침을 피하려면 사물을 분리해서 봐야 한다. 보통 사람이라면 오랫동안 연습이 필요하다. 어떤 슬픔에 잠긴 약자도 더는 걱정할 것 없다. 결국은 모두 비슷하기 때문이다.

🎵 버드나무 잎과 어느 늦은 여름 풍경과의 겹침 - 바람이 몰아치고 그 바람은 흙 먼지를 일으켜 앞이 잘 보이지 않는다. 이 흙 먼지는 바람을 따라 벽을 만들지만 차가운 잎 사이로는 깨끗한 바람이다. 바람이 불어와 눈을 감는다. 감은 눈 위로 따뜻한 태양이 빛난다. 그 따뜻한 하늘 아래에서 태양 빛을 그리워하는 나무와 같이 팔을 뻗어 본다. 저물어가는 햇살 아래 한가로움을 다시 한 번 느낄 때, 하늘인지 구름인지 알지 못하게 하려는 듯이 아지랑이가 선다. 하얀 구름은 태양을 품자, 검게 변하는데 그 주위는 아직 하얗다. 태양의 선을 보기에도 눈이 부셔 검은 곳으로 눈을 피한다. 어느새 흰 구름이 움직이고 있다. [지금 태양은 보이지 않지만 구름 사이의 햇살은 오히려 더욱 정답다.] 햇살 아래 창문 밖 버드나무는 남쪽으로 하늘거리고 이 모습과 겹쳐진 푸른 하늘, 하얀 구름, 따뜻한 햇살, 갈색 낙엽 그리고 사람들, 이 모든 것들은 하나씩 제자리로 돌아가는 듯한 느낌이다. 떠오르는 듯한 가벼운 몸을 억누르지 못하고 자리에서 일어선다.

인식자의 투명한 여름

33. 가벼움

삶은 바람에 날릴 정도로 가벼운 것이 좋다. 가벼움의 특징은 변화한다는 것이다. 삶을 가볍게 변화시키지 않는 자는 중력을 이겨내지 못한다. 너무 많은 [명예]을 가져도, 너무 많은 [지식]을 가져도, 너무 많은 [관계]를 가져도, 너무 많은 [받음]을 가져도 마찬가지이다. 약자(弱者)로부터 벗어나는 것은 그렇게 어렵지 않다. 사실, 진정한 강자(强者)와는 별 차이가 없다. 가벼워지면 된다.

🎵 잘린 그루터기에서 자란 버드나무 가지의 가을 향기 - [한가로이 흔들리는 나뭇잎은 바람으로부터가 아니라, 스스로 움직이는 듯이 끊임없이 흔들린다.] 아래로 머리를 숙인 나뭇가지 하나는 힘겹게 바람을 맞으며 한데 뭉친 나뭇잎들 사이에서 움직임 없이 초연하려는 듯한 느낌을 준다. 나뭇잎 뒤에 숨어 있던 붉은 해는 흔들리는 나뭇잎 사이에서 그 모습을 드러내려 무거운 걸음을 시작한다. 이제는 흔들리던 나뭇잎도 지쳤는지 따뜻한 태양의 빛을 맞으며 힘을 저축하고 있고, 이 모습을 바라보면서 부드러운 미소를 띤다. 잘린 그루터기로부터 자란 듯한 버드나무 가지는 균형 잡히지 못한 모습으로 다가서고 하얀 장미를 만지려는 순간, 바람은 그 향기를 보낸다. 잔디 위에 앉아 멀리 산을 보면, 산과 산 사이의 어두운 또 다른 산 그림자가 눈에 들어오고, 그곳은 그의 가벼운 향기로움을 머금은 것 같다.

인식자의 투명한 가을

195

34. 나른함

매일 즐겁고 행복한 자는 많지 않다. [더 큰] 즐거움에 마음을 빼앗기기 때문이다. 이는 보통 자신의 즐거움을 자랑하는 허영심에 가득한 자(者)나 장사꾼들의 술수 때문이다. 그들은 우리 사람들을 무엇인가 가지지 못한 약자로 만들기에 혈안(血眼)이 되어 있다. 그들로부터 벗어난 욕심 없는 나른함이 그립다.

여름에서 가을까지

𝄐 익은 벼를 벤 들판의 쓸쓸함 속 평온 - 파란 나뭇잎 끝에 빨간 잎이 그 모습을 뚜렷이 나타내고, 그 빨간 잎은 파란 잎들마저 가을 향기로 바꾼다. 수채화를 보는 듯한 풍경(風景) 속에서 익은 벼를 벤 들판은 쓸쓸히 그 모습을 드러낸다. 무엇인가 머금은 듯한 하늘을 돌아보면 태양은 여전히 내리쬐고 있는데, 이 모습은 한가로이 걷는 소의 걸음걸이와도 같이, 즐거운 한적함을 느끼게 한다. [곁에 항상 이해해줄 자나 이해할 만한 자가 있는 것은 아니다. 그래도 걱정 없다.] 기쁨으로 충만한 삶의 즐거움에 대한 회상만으로도 나른해짐과 함께 고요함을 느끼게 한다. 그런 즐거움은 잠깐이어도 충분하다.

인식자의 투명한 가을

35. 상심

자신의 상심이 아름다움을 가장하기 위한 것은 아닌지 한 번쯤 돌아볼 필요는 있다. 사기꾼 철학자와 시인이 만들어 놓은 덫에 걸리면 안 된다. 아무렇지도 않게 여길 일은 그렇게 하는 것이 건강에 좋다.

↷ 붉은 감의 또 다른 붉음 - 언젠가 본 듯한 동쪽 하늘을 붉게 물들이는 저녁놀과 그 사이에 보이는 푸른 하늘은 슬픈 대조를 이루고, 혹시 저녁놀의 그 붉음 탓인지도 모를 감나무에 달린 그 소중한 열매의 붉음은 나도 모르게 눈길을 동쪽 산으로 돌리게 한다. 슬픔으로 그 모습이 붉게 되었는지 그 붉은 모습이 마음을 슬프게 하였는지 모르겠다. 아무튼, 하늘은 당분간 계속 붉은빛을 발하려는가 보다. 추수를 앞둔 그리고 추수를 끝낸 벌판에서 다리를 끌듯이 걷는 이 모습은 자연에 동화(同化) 된 모습을 느끼게 해 주는 듯하고, 걸음마다 솟는 흙 먼지에 쌓인 얼굴은 문득 미소로 가득 차 있다. 그런데, [아름다움과 슬픔의 동일성에 대한 오류는 얼마나 많은 자(者)의 마음을 상하게 하려는가.]

인식자의 투명한 가을

36. 무지 그리고 두려움

태양이 보이지 않아도 존재한다는 것은 모두가 잘 알고 있다. 그런데 이상하게도 지금 눈에 안 보이고 밖이 어두우면 그 사실을 곧 잊어버린다. 하지만 분명 오해이다. 슬픔도 기쁨도 아닌 평온한 즐거움은 태양과 같이 항상(恒常)하다.

여름에서 가을까지

✔ 달이 없는 검은 하늘 속 전율 - 멀리 반달이 넘어갈 듯 보이고, 처음에 그 모습을 완전히 갖추지 못하였으나 희미하게 그 동그란 모습을 완성시키는 것이 멀리 하늘에서 날아오는 새가 그 모습을 갑자기 감추듯이 날카로움이 그윽하다. 이제 그 반달 는 눈에서 사라져 가고 있다. 나뭇잎 사이로 보이는 달은 처량한 법인가. [달이 없는 검은 하늘은 무서운 전율이 감돌지만, 내리쬐는 태양의 뜨거움 아래, 눈을 뜨는 순간의 두려움에 비하겠는가.]

인식자의 투명한 가을

37. 혼동

동일한 대상에 대한 감정도 아침저녁 다르다. 그러므로 감정의 근원은 나에게 있음에 틀림없다. 타자(他者)를 아름답게 그리고 추(醜) 하게 만드는 것 모두 나이다. 마찬가지로 나를 아름답게 그리고 추하게 만드는 것도 바로 나이다. 보통은 나를 아름답게 하는 것은 나이고, 나를 추하게 만드는 것은 타자(他者)라고 생각한다. 누가 보아도 우스운 생각이다.

↝ 구름을 기다리는 달 - 새벽녘의 안개는 차갑고 이슬을 머금고 있다. 이 구름과도 같은 안개는 아득하게 몸을 감싼다. [달은 그 모습을 드러내지만 부끄러운 듯 멈추어 구름을 기다린다.] 오늘 아침, 빨갛게 익어 가던 붉은 감은 눈에 들어오지 않고, 단지 노랗게 변하는 들판이 정답다. 가끔은 색채가 그렇게 중요하지 않다.

인식자의 투명한 가을

38. 따뜻함

우리는 모두 따뜻함을 가지고 있다. 어느 때 잠시 느끼지 못할 뿐이다. 겨울 햇살이 차갑게 느껴지는 것과 같은 이유로. 우리의 슬픔이 만일 타자(他者)의 차가움에 기인한다면, 이유가 있는 법이다. 그러나 우리의 생(生)을 건다면 무엇이든 따뜻하게 할 수 있다. 자신의 슬픔이 자신의 형편 없는 이기심에서 기인했을 수 있음을 잊지 말아야 한다.

여름에서 가을까지

↵ 아침 햇살의 서정 - 오늘 아침 햇살은 따뜻하다. 아니 햇살은 원래 따뜻한가 보다. 아침 햇살은 풀잎, 노랗고 푸른 색이 반반 섞인 풀잎 같다. 사탕처럼 달콤한 아침 햇살은 다정한 사람의 품속 같이 아늑하다. 아침 햇살은 음지와 양지의 경계와도 같이 상쾌하다. 바람 같은 아침 햇살은 그 모습을 드러내지 않고서 어느새 밀려온다. 아침 햇살은 정다운 친구들과 함께하는 꿈결 같다. [아침의 느낌은 방안 어둠 속으로 밀려 들지만, 창 밖 나뭇잎에는 아직 비추지 못하는 듯하고, 하늘이 자신의 모습을 엷게 화장한 후에야 아침 햇살은 그 고운 하늘 위로 달려온다.]

인식자의 투명한 가을

39. 허위

진실과 허위 속에서 삶이 어지럽다. 사유(思惟)는 길을 알려 줄 것이다. 사유(思惟)하는 이유이다. 우리가 기뻐하는 일이 기뻐할 만한 일인지, 우리가 슬퍼하는 일이 슬퍼할 만한 일인지. 내가 기쁠 때, 타자(他者)가 슬프다면 그것은 기쁜 일인가. 내가 슬플 때, 타자(他者)가 기쁘다면 그것은 슬픈 일인가. 기쁨과 슬픔은 대부분 이기적 감정이다. 만일 내가 타자(他者)를 수용하면, 기쁨과 슬픔 그리고 그 과정의 어지러움은 조금 초월할 수 있지 않겠는가.

여름에서 가을까지

↷ 태양으로 가는 길 - 태양은 뜨거움을 피하지 않는 자만을 사랑한다. [태양으로 가는 길은 자신을 불태우면서 그를 향해 가는 길밖에 없다.] 때로 슬픔을 기쁨으로, 기쁨을 슬픔으로 느껴야 하는 것이 우리를 흐트러지게 한다.

인식자의 **투명한 가을**

40. 길을 잃은 듯한 느낌

길을 잃으면 가지 않은 길을 갈 수 있다. 간혹 위험하긴 하지만 모든 것이 새롭고 가슴 뛴다. 같은 이유로, 가끔 삶에서 길을 잃는 것도 나쁘지만은 않다. 지금 힘들고 어렵다고 그렇게 걱정할 것 없다.

여름에서 가을까지

✎ 구름 속 태양의 윤곽, 눈으로 느낄 수 없는 것들의 다가옴 - 구름은 조금의 틈도 없이 태양을 가로막고 있고, 그 어두운 듯한 날씨 속에서 느끼는 상쾌함은 5월 연녹색 잎의 느낌 같다. 오후의 태양은 그 두터운 구름을 뚫고 원의 윤곽만으로 그 모습을 드러낸다. 흐린 하늘을 바라보며 땅에 기대면 눈으로는 느낄 수 없는 가슴 설레는 것들이 길을 잃은 듯한 느낌으로 다정히 다가온다. [항상 매혹스런 모습으로 쉬게 해 줄 수 있는 자(者)는 누구인가. 구름이 가릴 수 없는 자(者)는.]

인식자의 투명한 가을

41. 생성

계절의 생성은 알게 모르게 천천히 다가온다. 우리 삶도 다르지 않다. 만일 그렇지 않은 생성이 있다면 그것은 완전한 생성이 아닐 가능성이 크다. 모든 것은 때가 있다. 과실이 익는 것과 같이. 슬픔도 천천히 잊혀진다. 서둘러 잊으려 하는 것은 추운 겨울을 따뜻한 입김으로 덥히려는 것과 같다.

여름에서 가을까지

↝ 아침 안개의 부드러움 - 아침 안개를 맞으며 걷는 길은 계절이 서서히 잉태되어 탄생되는 것과 같은 알 수 없는 느낌을 온몸에 드리운다. [한 걸음, 한 걸음, 시간을 밟으며 나아간다. 부드럽다.]

인식자의 투명한 가을

42. 투명함

빛은 모여야 투명해 진다. 투명은 아무것도 보이지 않는 것이다. 이것은 상당히 유용해서 자신을 드러내지 않고 대상(對象)에 다가갈 수 있게 한다. 불투명한 것은 자신 탓이다. 모든 것을 통합, 수용하는 것이 쉬운 것은 아니다. 격한 폭풍과 같이 밀려드는 슬픔조차도 나를 위한 투명화 과정일 수도 있다. 투명하지 않으면 앞이 보이지 않아 위험해 질 수 있다.

✎ 코스모스 향기의 주홍빛 투명함 - 길목마다 코스모스는 끝이 없다. 그 속에서 따뜻한 손길 같은 작은 바람은 어디에선가 향기를 몰고 오는 주홍빛 꽃가루를 나른다. [미풍의 오솔길을 걷는 듯한 자연스러움, 그리고 영원한 것을 줄 수 있는 듯한 어렴풋한 모습을 그리다 깨어나면, 어릴 적 아카시아 달콤한 숨결이 다가오는 듯 사라진다.]

인식자의 투명한 가을

43. 동경 (憧憬)

밝음 속 자유 공간, 우리는 이것을 꿈꾸는가. 만일 현실이 그렇다면 어지러움에 힘들지도 모른다. 공간을 비행하는 법이 쉽게 익혀지지 않을 것이다. 그러나 추락하지는 않을 것이니 걱정할 것 없다. 단지, 연습이 필요하다.

여름에서 가을까지

↝ 바위산 깊은 골짜기의 동경 - 깊은 어둠 속에서 빠져 나오려 가볍게 손을 쥐어 보지만 더욱더 깊은 미로 속으로 빠지는 듯하다. 눈을 뜬다. 무엇을 갈구(渴求)하는가. [깨어 있는지 잠이 들었는지 알 수 없으나 무엇인가 밝음이 느껴진다. 그 다색(多色)의 밝음 속, 자유 공간이 펼쳐져 있다.] 멀리 바위산, 눈에 들어오는 낯선 사물은 마치 깊은 골짜기에 사는 자가 먼 곳을 동경하듯이, 조용히 가슴 설렘을 던져 준다.

인식자의 투명한 가을

44. 망각

망각하는 이유는 다른 것들이 자꾸 들어와 가득하기 때문이다. 위대한 깨달음도 생각의 먼지 속에 쌓이면 하루 저녁을 넘기기 어렵다. 매일 공부하지 않으면, 처음부터 공부하지 않은 자와 크게 다르지 않을 수 있다.

걸음 마다 일어나는 먼지 속에서의 망각 - 걸음걸음마다 먼지가 일어나 시야를 가린다. 깊은 호흡을 방해하는 고운 흙 먼지는 숨을 들여 마시면 깊숙이 빨려 들어오는 듯하다. [무엇인가 잃어버린 듯한 느낌에 자꾸 뒤를 돌아본다. 그러나 잃어버린 것은 없었다.]

45. 서성임

나무는 어느 해 열매 맺지 않으면, 다음 해 더 많은 열매를 맺는다. 모든 일에는 이유가 있고 또 때가 있다. 우리 삶에서 시간이 배제되면 그리 아쉬울 일은 많지 않다. 조금 서성이다 보면 반드시 때가 온다. 조급한 마음이 들면 산책을 권한다.

여름에서 가을까지

서성이는 바람과 열매 맺지 않는 나무 - 빛 방울이 뿌려진다. 하지만 내리쬐는 태양의 열기로 벗어나기 어려울 만큼 메말라 있는 대지는 내리는 비를 삼켜 버리고 있다. [바람처럼 서성대며 열매 맺지 않는 나무를 가꾸는 듯한 허무함을 되새긴다.] 구름과 저 바람은 잠들 때까지 곁에 있으려는지. 소용 없는 일이었다.

인식자의 투명한 가을

46. 위로 (慰勞)

　　지난 일을 아쉬워할 필요는 없다. 대부분의 경우, 다른 선택을 했어도 결국은 비슷한 결과였을 것이다. 우리는 같은 아쉬움의 계속된 반복만 피하면 된다. 그러나 이것도 결코 쉬운 일이 아니다. 선택의 순간 숨어 있던 이기심이 다시 우리를 장악하기 때문이다. 이런 아쉬움의 반복을 극복하려면 적지 않은 시간과 노력이 필요함을 기억해 두어야 한다. 보통, 대부분 이런 저런 이유로 포기한다.

여름에서 가을까지

　ᴎ　어느 흐린 가을 날 노을 속 별들의 밝음 - [태양이 비추지 않은 날, 저녁놀은 날이 저물어도 그 빛을 발한다.] 마치 하루를 위로해 주는 것처럼, 놀을 따라 스며든 별들이 하나씩 그 모습을 드러내고 있다.

인식자의 투명한 가을

감성을 위한 노트 2

47. 아득함

나락에 떨어진 듯한 아득함. 기분일 뿐이다. 아무 일도 아니다. 나락에서 천천히 올라오면 된다. 아무렇지도 않은 척하고 있을 뿐, 우리 거의 모두 그렇게 하고 있다.

어느 가을 늦은 오후, 조금 가파른 산정에서 - 자신으로부터 사람들이 영원히 멀어지는 것이 느껴질 때의 아득함이란. [사실, 그래도 모든 것은 그대로이다.] 저 기다란 바위 앞 소나무는 이것을 몇 번이고 이야기 한다.

인식자의 투명한 가을

48. 안심 (安心)

내가 [나]임을 알고, 대상(對象)이 [대상(對象)]임을 인식할 수 있다면 그것으로 충분하다. [투명한 정신], 이것 하나면 세상은 우리 것이다. 세상 모든 것이 막힘 없이 그대로 우리에게 다가오기 때문이다.

여름에서 가을까지

↷ 하늘과 버드나무의 편안한 대화 - 하늘은 자신을 파랗게 물들이고 늘어진 버드나무는 땅에까지 몸을 대고 쉬고 있다. [자유롭게 억압으로부터 등을 돌리고, 하늘, 그 푸른 하늘 밑에 있음을 자랑스러이 확인한다.]

인식자의 투명한 가을

49. 시선

우리를 지배하는 것은 보통 과거의 기억과 사실이다. 문제는 이 것을 진리라고 생각하는 것이다. 둘 사실과 진리 을 구분해 주는 것이 철학 사유(思惟) 의 일이다. 철학은 우리 모두의 학문이다. 슬픔에 잠긴 자들은 자신도 모르게 사실로부터 벗어나기 위하여 철학이 눈에 들어오기 시작한다. 철 학은 다름 아닌 존재 [나] 에 대한 시선이다.

211

🔔 어두운 구름 사이로 비추는 태양의 시선 - 강한 바 람이 얼굴에 부딪혀 손끝까지 전해 온다. 하늘은 검은 구름 속에서 그 푸르름을 창조하듯이 얼굴을 내밀고, 태양은 그 어둠을 비웃듯이 구름 사이로 서광을 비추면서 여러 갈래의 길을 저편 산으로 던 진다. [여행을 떠나던 어느 맑은 아침의 설레던 기 억이 떠오른다.]

인식자의 **투명한 가을**

50. 진리

엄격한 진리도 가끔 눈을 감고 침묵할 때가 있다. 물론 그렇게 많지는 않겠지만, 삶을 압도하는 아름다움(美)에 취하기 때문이다. 이때 만큼은 세상은 진리가 지배하지 않는다. 그럴 때도 있음을 알아야 사람들과 나를 이해할 수 있다. 마찬가지로 삶을 압도하는 슬픔은 진리를 물러나게 한다. 신(神)은 모든 것을 이해하고 허락한다. 마음껏 슬퍼해도 된다.

여름에서 가을까지

ᘉ 보라빛 노을 아래 침묵하다. - [보라빛 노을은 삶 전체를 변화시키기도 한다.] 아무것도 이야기할 수 없음이 이해 받을 수 없음이 사람들 사이에서 다시 눈 감게 한다.

인식자의 투명한 가을

51. 그리움

그리움은 여유로움의 증거이다. 비슷하게, 지금 슬프다고 느낀다면 희망적이다. 걱정할 것 없다. 그리고 조금 더 이야기하면, 굉장한 것만이 그리움과 슬픔의 대상은 아니다.

여름에서 가을까지

↗ 하얀 뭉게구름의 부드러운 응시 - [누군가가 나를 보는 듯한 느낌으로 눈을 돌리니 하얀 구름이었다.] 그는 융단과 같은 느낌으로 나를 감아 정다웠던 그리고 평온했던 시절로 돌려보낸다.

인식자의 **투명한 가을**

52. 차가운 아름다움

따뜻함에서만 의미를 찾지 말 일이다. 한여름 태양 아래에서 따뜻함은 삶을 더 힘들게 할 뿐이다. 때로는 얼음 같은 차가운 단호함이 삶을 향상시키기도 한다. 기쁨과 슬픔의 경우도 마치 이솝 우화처럼 동일하다. 때에 따라서는 모두 필요하다. 기쁨을 위해 살아 가고, 슬픔을 피하기 위해 노력한다. 유용성으로 보면 슬픔이 더 유용하다.

여름에서 가을까지

➴ 맑은 가을 날 노을의 가파른 차가움 - [맑은 날 노을은 평행한 직선으로 색조를 이루며 가파른 모습을 보인다.] 아름답지만 차갑다.

인식자의 투명한 가을

53. 기억

　　우리는 기억 속에서 즐겁게 뛰어 노는 것이 좋다. 아무리 힘들고 슬픈 기억이라도 사실은 이미 결정되어 있는 것이다. 슬픔의 반은 [과거 타자(他者)에 대한 연민]을 기원으로 하고, 나머지 반은 [미래의 나에 대한 연민]을 기원으로 한다. [나에 대한 연민]만 떨쳐 버려도 슬픔은 반으로 줄어든다.

여름에서 가을까지

　　↶　사슴을 닮은 구름 - [기억이란 즐거이 뛰어 노는 사슴과 같다.] 지금 구름이 사슴을 닮아 간다.

인식자의 투명한 가을

54. 시간 느낌

시간은 평등하다. 진리도 평등하다. 그러므로 모든 인간 일반의 삶도 평등하다. 단지 불평등한 것은 암기력의 차이이다. 암기력이 좋은 자들이 불평등을 부추긴다. 그런데 사실 이것은 힘에 대항하기 위한 인간적인 진화였다. 진화가 너무 진행되어 돌이킬 수 없기 전에 다른 방법을 찾아야 한다. 힘과 암기력을 대체할 다른 대안(代案). 한 가지 잊지 말 것은 지금까지의 방법이라면 또 다른 약자를 탄생시킬 뿐이라는 것이다. 우리는 강자도 약자도 없는 세상을 추구한다. 그리고 행동이 필요하다.

여름에서 가을까지

↷ 차가워진 가을 비 - 먼지가 비에 젖어 가라앉는다. 비는 밤이 되자 그 방울이 커진다. 많은 것들이 비가 차가워진 것을 느끼고 생존을 걱정하는 것 같다. [시간이 다가오는 것은 감성을 통해서 뿐이다.]

인식자의 투명한 가을

55. 나를 느낌

진리가 넘쳐 난다. 여기저기 진리들이 외친다. 무엇이 진짜인지 알 수 없다. 그때 진리 판별 법이 있는데 그것은 진리는 존재 [나]를 느끼게 한다는 것이다. 그렇지 않으면 대부분 가짜이다. 그러므로 강자들이 가진 것은 대부분 가짜이다. 약자들과 별 차이 없다.

여름에서 가을까지

↳ 웅덩이에 떨어지는 빗방울 파문과 [나] - 비가 내린 땅 내음이 향기롭다. 어디선가는 찬바람이 불어오지만 구름을 휘돌아 온 듯하여 다정스럽다. [차가운 비를 맞으며 빗방울을 세어보는 자(者)를 마음껏 느껴본다.] 빗방울이 머무르는 웅덩이 속에서 끊임없이 파문이 인다.

인식자의 투명한 가을

56. 공평

평등하지 않은 진리는 돌아볼 필요도 없다. 자신을 특별한 자(者)라고 생각하는 자(者)는 이미 존재의 가치를 잃어버린다. 그런 자(者)들 속에 자신을 초라하게 느끼는 어리석음은 범하지 않는 것이 좋다.

여름에서 가을까지

🔊 가을 나뭇잎 속 공평 - 창 밖 버드나무는 아직 녹색이지만 잎이 큰 떡갈나무는 이미 깊은 노란색으로 변해 버렸다. [시간은 의외로 공평하지 않다.] 이는 오해를 불러 일으킨다.

인식자의 투명한 가을

57. 무색 (無色)

사실 우리가 원하는 것은 그리 대단한 것은 아니다. 그것이 대단하리라는 기대와 착각이 있을 뿐이다. 실제로는 소박하고, 단정하게 지낼 수 있는 것 이상은 필요 없다.

여름에서 가을까지

↷ 비 온 아침, 혼돈 - 비가 온 것인지 아닌지, 지금이 아침인지 저녁인지 혼란스러워 창을 여는 순간, 반가움이 밀려온다. [사실 아침인지 저녁인지는 상관없었다.] 즐거운 혼돈이다.

인식자의 투명한 가을

58. 으스름함

바위와 같이, 생각을 멈추어 편안한 마음을 갖는다. 문득, 삶과 죽음이 별 차이가 없게 느껴진다. 슬픈 영혼들도 걱정할 것 없다. [욕망에 빠져 깨끗함과 더러움을 구분하지 못하는 것]보다 슬픈 영혼이 아름답다. 타자(他者)를 가르치려면 준비가 되어야 한다. 그렇지 않으면 그의 입에서 악취가 날지도 모른다. 강자들은 보통 가르칠 수 없다. 자격이 없기 때문이다. 으스름한 큰 바위는 이 모든 것들을 이야기한다.

여름에서 가을까지

🔊 새벽 운무 바위 부딪힘 - [새벽 운무(雲霧)는 시야를 가리고 마치 먼 바다로부터 올라오는 흰 파도와 같이 바위에 부딪힌다.] 엄청나게 크고 푸른 빛의 바위는 파도에 몰려 쓰러질 듯한 모양으로 으스름하다.

인식자의 투명한 가을

59. 의문

변화하지 않는 모습만으로도 그 역할이 충분하다. 모든 것이 변하는 곳에서 변하지 않는 것을 보여줄 수 있으면, 그는 이 세상 가장 고귀한 자이다. 보통, 거짓 강자에게서는 발견하기 불가능한 일이다.

여름에서 가을까지

↵ 나뭇잎과 태양의 공통점 - 태양은 항상 변치 않으면서 영원히 변화하는 모습을 보여준다. [저 앞 작은 나뭇잎은 별로 중요하지도 않은 자신의 역할을 하다 사라진다.] 그렇다고 딱히 그렇게 중요한 것도 없다.

인식자의 투명한 가을

60. 미덕 (美德)

[반시대적 고찰] 번영은 약자들을 착취하기 위한 수단일 뿐이다. 번영을 가장해 사람들을 끊임없이 변화시킨다. 사기꾼들에게 이제 그만 속아야 한다. 허위로 창조된 누군가를 모방하게 하여 삶을 핍박시킨다. 그러나 약자는 물론 강제당할 수는 있지만, 결국 자신을 약자로 선택하는 것은 자신이다.

여름에서 가을까지

↲ 변화해야 하는 것 그리고 변화해서는 안 되는 것 - 유난히 맑은 달빛은 많은 별빛을 가리지만 항상 달 옆에서 빛나고 있는 별만은 그 빛을 잃지 않고 있다. [항상 주위에서 변치 않음은 그것으로 충분한 미덕이다.]

인식자의 투명한 가을

61. 중독

진정한 강자는 보통 스스로 선택한다. 무엇인가에 중독되어 있다면 이미 약자이다. 보통 사유(思惟)의 중독은 마약의 중독보다 위험한 상태이다. 그것을 정상 생활로 인식하도록 중독시키기 때문이다. [어리석은 중독으로부터의 벗어남]. 이것이 우리를 약자화하는 거미줄로부터 벗어나는 지름길이다. 그러나 [그들이] 하이데거의 그들, [나]에 대하여, 김유정, p49 그들의 장사를 위해서 그대로 내버려 두지는 않을 것이다.

223

여름에서 가을까지

↵ 나뭇잎이 많이 떨어진 가을 느티나무가 이야기하는 것 - 작은 곤충들은 계절의 변화는 느끼나 그 변화 속 불변은 느끼지 못한다. [수목(樹木)은 말할 수 있다면 많은 것을 이야기해 줄 것 같다.]

인식자의 투명한 가을

62. 비밀

한 번에 혼돈이 해결되지는 않는다. 얽힌 실을 풀듯이 하나하나 천천히 시간을 가지고 풀어야 한다. 성격이 급한 자들은 불가능한 일이라고 단념할 것이다. 그들의 기질에 맞지 않기 때문이다. 그러나 혼돈의 끈을 끝까지 푸는 자(者)는 많은 사람을 자유롭게 해 줄 것이다. 자신이 풀지 못하겠다면, 누군가 푸는 것을 방해하지는 말 일이다.

여름에서 가을까지

↯ 바람 속 나뭇잎의 흔들림 - 내가 걸어가는지 이 모든 산하(山河) 그들이 나에게 다가오는지 혼란스럽다. [바람이 불어 나뭇잎이 흔들린다. 사실, 이것도 잘 모르겠다.] 혹시 내 움직임이 바람을 일으키는가.

인식자의 투명한 가을

63. 오인

내가 알고 있는 것이 옳을 확률은 그렇지 않을 확률보다 그렇게 높지 않다. 너무 자신의 생각에 소리 높이지 않는 것이 좋다. 이렇게 함으로써 [강한 약자]의 조건을 어렵지 않게 갖출 수 있다.

225

여름에서 가을까지

↶ 해질녘 점점 커지는 태양 – 해가 질 때 그림자는 쉽게 변해 커진다. 그렇다고 내가 커지는 것은 아니다. [해가 질 때 태양이 점점 커져 간다. 물론 그럴 리 없다.]

인식자의 **투명한 가을**

64. 순수

우리는 약자와 강자를 나누지 않는 아름다운 자(者)를 꿈꾼다. 그는 우리 모두에게 순수함을 줄 것이다. 순수함은 약자의 최대 무기이다. 그가 강자인지 약자인지 구분할 수 없기 때문이다. 두려움은 순수함을 후퇴시킨다. 두려움에 의한 소심함의 전염, 거짓 강자들이 자신의 목적을 달성시키는 중요한 수단이다.

여름에서 가을까지

↝ 별들이 잘 보이는 가을 밤, 그리움 - [별을 쳐다보는 아름다운 자의 눈동자가 그립다.] 누구라도 가끔은 그럴 것이다.

인식자의 투명한 가을

65. 뜨거움

해 보지 않은 것에 대한 두려움이 인간의 행동을 제한한다. 낯선 여행에서 우리가 두려워해야 할 것은 야수(野獸)가 아니라, 익숙하지 않은 곳에서 자신을 제어할 수 없음이다. 서두르지 않고 천천히, 한 걸음 한 걸음 준비하고 나아가면 곧 자신만의 삶이 드러날 것이다. 원래 약자는 없다. 두려움이 있을 뿐이다. 걱정할 것 없다.

여름에서 가을까지

↗   태양의 뜨거움에 대한 오해 - [해 질 녘의 태양이
     잘 익은 감처럼 보여 손을 뻗어보며 미소 짓는다.
     손끝에 그 뜨거움이 느껴지는 것은 오해일 것이다.]

인식자의 **투명한 가을**

66. 경쾌함

아침에 생각한 것과 저녁에 생각한 것이 다를 수 있다. 어떤 자(者)는 아침의 것을 고수하고, 어떤 자(者)는 저녁의 것을 고집한다. 보통 후자(後者)가 거짓 강자의 특징이다. 우리는 저녁이 될수록 고집스러워지기 때문이다. 그러나 이는 다음 날 아침, 또 달라질 수 있다. 거짓 강자를 따르면 인간은 방황한다. 보통 [자유로운 약자]의 선택이 믿음직하다. 다자(多者)를 대변(代辯)하기 때문이다.

여름에서 가을까지

↝ 오늘 아침과 다른 저녁의 태양 - 맑은 하늘 속에서 비가 뿌려지고 조금 있으려니 바람은 급히 불어 우박이 대지를 때린다. 잠시 후 따스한 햇볕이 또다시 비추고, 돌아오는 길에는 오늘 아침 태양과 같은 그 태양으로 노을이 또다시 아름답다. 멀리 붉은색 태양은 산에 걸쳐 그 모습을 자랑스럽게 드러내고, 부끄러운 듯 붉은빛을 발산하는 반대편 하늘에는 달무리가 그 붉은빛을 시샘하듯 단장하고 있다. 이 대조는 마음을 경쾌하게 한다. [정말 오늘 아침 태양이 지금 이 태양이었던가.]

인식자의 투명한 가을

67. 망설임

슬플 때도 있고 기쁠 때도 있다. 슬픔이 쌓여 가면 기쁨이 반감된다. 나이가 들수록 웃음이 줄어드는 이유이다. 그러나 슬픔을 견딘 자(者)만이 슬픔과 기쁨을 초월한 [명랑성(明朗性)]을 가질 수 있다. 이는 인간이 가지는 지고(至高)의 매력 중 하나이다.

여름에서 가을까지

↝ 노을 속 별과 반대편 하늘의 달 – 붉은 노을 위에 별이 빛나고 반대편 하늘에는 오늘도 동그란 달이 서서히 그림자를 드리우고 있다. [아마도 노을 위 별이 사라져야 달이 떠오를 것이다.]

인식자의 **투명한 가을**

68. 한가로움

슬픔에 잠긴 약자(弱者)에게 필요한 것은 한가로움이다. 그것은 그를 회복시킨다. 세상은 약자들의 것이다. 진정한 강자를 탄생시키는 것도 약자들이다. 모두 알고 있는 사실을 [어리석은 강자]는 [최악의 약자]가 되고 나서야 겨우 인식한다.

여름에서 가을까지

✍ 따뜻한 햇빛 아래 한가로움 - [태양이 비추고 있는 늦가을 따뜻한 햇빛 아래, 오후 시간 한가로움은 모든 것을 회복시킨다.] 슬픔에 잠긴 약자들, 그렇게 걱정할 것 없다.

인식자의 투명한 가을

69. 무이 (無異)

타자(他者)가 즐거워 보이는가. 항상 그렇지는 않다. 즐거울 때가 있을 뿐이다. 배고픔을 해결해 주는 한 조각 음식이 기쁨을 준다. 시간의 작용에 의한 병과 죽음이 슬픔을 준다. 이것들을 제외한 감성적 슬픔과 기쁨은 타자(他者)와의 [다름]에 의한 현상이다. 같을 이유가 없는데, 이상할 정도로 [같음]을 추구한다. 그 [같음]의 다른 의미를 생각해야 한다. 방향이 잘못된 경우가 많다.

231

여름에서 가을까지

↝ 파랑, 다르지 않음 - [파란 하늘에 우리의 눈도 파랗게 물들여진다. 그리고 우리 눈 속의 모든 것도 파랗게 변할 것이다.]

인식자의 **투명한 가을**

70. 정다운 가슴 뜀

슬픔을 느끼는 자에게도 즐거움은 있다. 걱정 없다. 시간의 순서만 다를 뿐, 우리 모두의 삶에서 슬픔의 총합은 비슷하다. 서두르지 말고 한 걸음 한 걸음, 한숨 한숨 쉬면, 모든 것이 다시 정다움으로 눈짓할 것이다.

여름에서 가을까지

↝ 가을 산 속 오두막, 검은 밤의 가슴 뜀 - 검은 밤은 정답다. [정다운 사람과의 다정한 이야기, 즐거운 가슴 뜀이 이 검은 밤에도 느껴진다.]

인식자의 투명한 가을

71. 무력 (無力)

　　무력함을 느끼기에는 할 수 있는 것들이 너무도 많다. 나 _{우리} 는 지금 천 가지의 일을 할 수 있고, 천 가지의 일을 새롭게 만들 수 있다. 내 _{우리} 주위에는 내 결정을 기다리는 하인으로 가득하며, 내 의지로 할 수 있는 것들로 충만해 있다.

233

여름에서 가을까지

　　↷　붉은 뒷산으로 가는 아침 안개로 가득한 오솔길 -
　　　　아침 안개가 짙은 날은 맑다. 서늘한 날에는 특히.
　　　　[안개를 입으로 불어 날려 버리려 해도 소용없다.
　　　　그리고 물론 필요도 없는 일이다.]

인식자의 **투명한 가을**

72. 자유로움

    [시간의 결정성]을 부인하면 현재는 고정되지 않는다. 슬픔에 잠긴 약자는 현재에 고정되지 않는 것이 좋다. 현재는 과거로 녹아 흐르고 현재는 미래로 바람을 불어 간다. 지금 미래도 곧 과거가 될 것이다. 이렇게 시간은 우리를 상심케 하는 것들 모두를 녹여, 수채화 속 물감이 번지듯 그 경계가 사라지게 할 것이고, 맑은 풍경화 속에 묻혀 있는 진실과 선함이 우리를 끝까지 아름답게 지켜줄 것이다.

234

여름에서 가을까지

    ↯ 사람들이 있는 곳, 정다운 곳으로 눈길을 돌림 - 그 깊음 속으로 빠져 들어간 시간은 태양이 비추는 오후의 한가로움에 제 모습을 드러내고, 무엇인가를 해야 한다는 생각으로 주위를 돌아보면 제자리를 지키던 사물들은 나의 곁으로 다가와, 그것들을 눈 속으로 받아들이는 것조차 힘겨움을 느끼면서도, 그 어지러움과 지금 이 시간 한가로움 사이에서 멀리 보이는 여러 색조의 대비에 눈길을 돌려, 무엇인가 찾으려는 듯한 눈으로 바쁘게 서두를 때, 제 모습을 드러낸 듯했던 시간을 다시 잃어버린 느낌으로 초조해지며, 마치 시간의 경계에 서 있는 듯 주위 깊게 [시간의 결정성]을 부인하면 이

인식자의 투명한 가을

𝓃 미 드러내었던 시간조차 그 윤곽이 희미해지고, 아무것에도 제약받지 않는 자유로움으로 몸은 따뜻한 햇살을 맞은 듯이 그 부드러움에 겨워 미소를 띠지만, 어느 순간, 떨어지는 듯한 느낌으로 시간의 벽에 소스라치면서 눈을 감아 버릴 것이기에 혼자서도 무엇인가 행복한 소년의 심정과도 같이 다가오는 사물의 의미를 망각한 채, 변해가는 것들에 몸을 맡겨 향기로운 계절의 내음에 눈길을 돌리고, 그래도 멈춰 서지 않는 시간을 따뜻한 가슴으로 품어 영원의 시간을 간직한 채, 다가서는 바람과 장난치며, 다시 그대로의 모습으로 다가온 시간의 깊음 속으로 빠져들어가, 지나가는 시간을 느끼면서, 태양의 뜨거움에만 마음을 돌리려 하지만, [산을 넘어야 한다는 두근거림으로, 오후의 한가로움이 주는 포근한 가슴으로부터 나와, 사람들이 있는 곳, 정다운 곳으로 눈길을 돌린다.]

인식자의 투명한 가을

종언(終焉)

크게 자랑할 만한 삶이 아니더라도 우리에게 아름
다운 감성 남아 있어, 향기로운 바람을 느낄 수 있
음에 그렇게 크게 아쉬울 것도 없다.

어느 한적한 골목길 돌아갈 때, 문득 나와 닮은 동
그랗고 작은 나뭇잎 보면, 반가운 작은 미소 같은
모습 볼 수 있음에, 더 이상 바라지 않는 오늘 하루
이렇게 자유롭다.

눈부신 햇볕이 나를 흔들어 깨우는 아침에.

슬픔에 잠긴 약자를 위한 노트

I 장. 삶의 감성적 분석

이성이 아닌 감성으로 세계를 재구성한다.
감성의 풍요로움을 삶의 목표로 한다.
감성의 세계에서 강자와 약자는 의미를 잃는다.

II 장. 여름에서 가을까지

우리 삶은 평등한 것들로 가득하다.
여름과 가을 들판은 그것을 알려준다. 그 속에서 불평등은 없다.
불평등한 몇 가지에 너무 마음 쓸 것 없다.

감성과 그 삶의 해석, 회상

I 장. 삶의 감성적 분석

II 장. 여름에서 가을까지

책을 덮기 전에

🖋 한가함과 감성적 즐거움의 공통점은 그들이 자신 의지 세계 속에 있으며 그 동일 정태(靜態)의 지속 시간을 그렇게 길게 두지 않는다는 것이다.

🖋 우리를 현재로 되돌려주는 것이 바로 감성이다. 우리는 [감성을 위한 노트] 를 준비해야 한다.

🖋 자신을 너무 과대평가해서는 안 된다. 우리는 약자도 아니지만 그렇다고 강자도 아니다.

🖋 어느 여름에서 가을까지 , 숲과 하늘, 구름, 땅, 바람 그리고 노을의 운율 속에서 한 대상(對象)이 창조된다.

🖋 정말 오늘 아침 태양이 지금 이 태양이었던가.

🖋 우리가 알아야 할 것은 사람들보다 뛰어나게 되는 법이 아니라, 사람들과 함께 즐거워하는 법이다.

🖋 내가 진리를 만든 것도 아닌데, 그것을 찾았다고 자랑할 것 없다.

🖋 순수한 감성을 느끼기 위해 우리에게 필요한 것은 망각을 위한 연습이다.

🖋 진리가 우리를 자유롭게 하듯이, 감성이 우리를 평등하게 할 것이다.

슬픔에 잠긴 약자를 위한 노트

1판1쇄 ∥ 2013년 11월 20일
지은이 ∥ 김유정
펴낸이 ∥ 이현준
펴낸곳 ∥ 도서출판 자유정신사
등록 ∥ 제251-2012-40호
주소 ∥ 경기도 수원시 영통구 봉영로 1620, 102-2503
www.bookfs.co.kr
전화 ∥ 031-206-1006
팩스 ∥ 031-935-0520
이메일 ∥ bookfs@bookfs.co.kr

ISBN 978-89-98392-02-4 03100

이 도서의 국립중앙도서관 출판시도서목록(CIP)은 서지정보유통지원시스템 홈페이지 (http://seoji.nl.go.kr)와 국가자료공동목록시스템 (http://www.nl.go.kr/kolisnet)에서 이용하실 수 있습니다.(CIP제어번호: CIP2013021010)